CHRIS THURMAN

LÜGEN, DIE WIR GLAUBEN

Der Grund Nr. 1 für unser Unglücklichsein

Schulte & Gerth

*Dieses Buch ist
meiner Frau Holly
in tiefer Liebe
und Anerkennung
zugeeignet*

Die amerikanische Originalausgabe erschien im Verlag
Thomas Nelson Publishers, Inc., Nashville, Tennessee,
unter dem Titel „The Lies We Believe“

Aus dem Amerikanischen übersetzt von Christian Rendel

Die Bibelstellen wurden zitiert nach der Übersetzung Martin Luthers
(1984), Deutsche Bibelgesellschaft, Stuttgart 1985.

Best.-Nr. 15 149
ISBN 3-89437-149-8
1. Auflage Januar 1991
2. Auflage Oktober 1991
3. Auflage 1992
4. Auflage 1993
5. Auflage 1994
6. Auflage 1995
Umschlaggestaltung: Ursula Stephan
Satz: Typostudio Rücker & Schmidt
Druck und Verarbeitung: Ebner Ulm
Printed in Germany

Inhalt

Danksagungen

Meinen tiefsten Dank schulde ich meiner Frau Holly. Sie hatte immer ein Wort der Ermutigung für mich, wenn ich es am meisten brauchte. Nie ließ sie darin nach, mich spüren zu lassen, daß sie an das glaubte, was ich zu sagen hatte. An vielen Abenden, an denen ich noch einmal in die Klinik fuhr und dort bis in die frühen Morgenstunden an dem Buch arbeitete, ließ sie mich bereitwillig gehen. Um mich zu fragen, wie ich vorangekommen sei, wartete sie oft auf mich, bis ich mich um ein oder zwei Uhr morgens nach Hause schleppte. Sie hat die vielen Male durchlitten, wo das Buch umgeschrieben, der Titel geändert, der Erscheinungstermin hinausgeschoben wurde und alles andere passierte, was eben mit einem Buch geschieht, bevor es in die Hände des Lesers gelangt. Sie ist – wie es in den Sprüchen beschrieben wird – eine tüchtige Frau, viel edler als die köstlichsten Perlen. Ihr liebevoller Einfluß ist durch das ganze Buch hindurch gegenwärtig.

Viele Freunde und Kollegen haben das Manuskript gelesen und beurteilt. Ich schätze ihre Arbeit und ihren Beitrag mehr, als sie ahnen.

Abschließend möchte ich Gott danken für seine bedingungslose Liebe zu mir und für seine Hilfe dabei, mit den Lügen fertig zu werden, die mein eigenes Leben geplagt haben. Gott ist Wahrheit, und die Wahrheit macht uns frei. Ich bin dankbar für die Wahrheit und Freiheit, die ich in ihm gefunden habe.

Dr. Chris Thurman
Minirth-Meier-Klinik
Richardson, Texas

Vorwort

Gibt es wirklich Lügen, die wir glauben? Mit Sicherheit! Auf verstandesmäßiger und mehr noch auf gefühlsmäßiger Ebene kämpfen wir alle mit Lügen; und unsere Reaktion auf sie kann durchaus zwischen Glück oder Trauer, Gelassenheit oder Sorge und geistiger Gesundheit oder geistigen Störungen entscheiden.

Paul Meier und ich haben Chris Thurman gebeten, in unserer Klinik in Dallas in kleinen Patientengruppen die Frage zu behandeln, was wir gegen Lügen tun können, die wir für wahr halten. Von allem, was wir im letzten Jahr unternommen haben, bekam dies für unsere Patienten die größte Bedeutung.

Chris hat wesentliche Erkenntnisse aus diesen Sitzungen auf den vorliegenden Seiten festgehalten. In seiner behutsamen Art hilft er uns, unseren Weg durch die Lügen in unserem Denken zu finden. Er führt uns mit dem Eifer eines Jugendlichen und der Weisheit eines Ältesten.

Mein Gebet ist es, daß viele Christen durch die Einsichten dieses Buches die Freude über ihre Erlösung wiederfinden.

Dr. Frank Minirth
Minirth-Meier-Klinik
Richardson, Texas

Die Wahrheit über Lügen, die wir glauben

Fast alle Mißgeschicke unseres Lebens kommen von den falschen Vorstellungen, die wir uns von den Dingen machen, die uns passieren.

Marie Stendhal

Janet saß nervös in meinem Büro auf der Sofakante und wußte nicht, wie sie anfangen sollte. Dies war ihre erste Sitzung mit mir. Sie war noch nie zuvor bei einem Psychologen gewesen, und ich spürte, daß sie in Verlegenheit war. Nur weil die Depression, an der sie seit mehreren Monaten litt, sich verschlimmert hatte, wandte Janet sich an mich – sonst hätte sie sich wahrscheinlich nie dazu durchgerungen, zu mir zu kommen.

Nervös hin und her rutschend, sagte sie schließlich: „Dr. Thurman, ich weiß wirklich nicht, wo ich anfangen soll. Es ist einfach so, daß ich mich in letzter Zeit so unglücklich fühle. Alles scheint in meinem Leben schiefzulaufen."

„Warum fangen Sie nicht mit dem an, was Sie am meisten belastet?" schlug ich vor.

Sie schüttelte den Kopf und strich sich nervös über den Rock. „Ich nehme an, das größte Problem ist, daß mein Mann und ich nicht sehr gut miteinander auskommen. Die geringste Kleinigkeit kann bei uns zum Streit führen. Neulich bin ich zum Beispiel abends lange aufgeblieben, um Kleidung zusammenzulegen und zu bügeln. Er wußte, daß ich genauso früh aufstehen mußte wie er, daß ich den Kindern Frühstück machen und sie in die Schule schicken mußte, aber er bot mir keine Hilfe an. Er bietet mir nie Hilfe an.

Also habe ich ihn gebeten, mir dieses eine Mal zu helfen, und prompt ging er in die Luft! So ist es immer mit ihm. Ich tue alles, was ich kann, um unsere Ehe in Gang zu halten, und er tut nichts."

„Sie beide streiten sich also oft", sagte ich.

„Ja", seufzte sie, „und wenn das mit unserer Beziehung so weitergeht, dann fürchte ich, wir werden entweder für den Rest unseres Lebens unglücklich sein oder uns früher oder später scheiden lassen."

„Sie sagten, daß bei Ihnen alles schiefläuft. Was belastet Sie noch?"

„Ich ärgere mich über mein Gewicht und darüber, wie meine Figur meine Stimmung beeinflußt", sagte sie. „Neulich stellte ich mich morgens auf die Waage und sah, daß ich zehn Pfund Übergewicht habe. Ich meine, ich hasse mich wirklich selbst dafür, daß ich überflüssige Pfunde ansetze. Während ich also das Frühstück machte und dauernd nur daran dachte, wie dick ich geworden bin, ließ ich schließlich meine beste Glaskaraffe voller Orangensaft auf den Boden fallen. Dann brüllte ich die Kinder an, weil sie mitten hindurchrannten und den Saft bis ins Wohnzimmer verteilten. Ich habe sie sogar die Bescherung aufwischen lassen." Sie blickte zu Boden. „Das einzige glückliche Familienmitglied an diesem Morgen war der Hund", fügte sie hinzu und blickte wieder auf. „Er liebt Orangensaft."

Ich lächelte unbehaglich, wohl wissend, daß ihre Geschichte nicht lustig war. „Sie scheinen ziemlich hart mit sich ins Gericht zu gehen wegen ihres Übergewichtes und der Art, wie Sie sich davon beeinflussen lassen."

Nervös begann sie, Fusseln von ihrem Rock abzuzupfen. „Ich hasse mich selbst dafür, wie ich schon sagte. Und ich hätte es nicht an den Kindern auslassen dürfen. Jetzt werde ich zu allem Übel auch noch zu einer fürchterlichen Mutter."

„Was belastet Sie noch?"

„Meine Arbeit macht mir Spaß, aber ich habe ständig Angst, einen Fehler zu machen, der mich in Schwierigkeiten bringen wird. Die Leute, mit denen ich zusammenarbeite, sind in Ordnung, aber ich stehe eigentlich keinem von ihnen wirklich nahe. Ich habe den Eindruck, daß alle meine Beziehungen steckenbleiben – nicht nur bei der Arbeit, sondern auch in der Gemeinde. Ich bringe es einfach nicht mehr fertig, enge Beziehungen zu anderen zu knüpfen. Ich bin schon so oft abgelehnt und enttäuscht worden. Das Ergebnis ist, daß ich nur wenige Freunde habe."

„Sie fühlen sich einsam, haben aber Angst, anderen zu nahe zu kommen, weil sie dann verletzt werden könnten. Sie haben Ihre Gemeinde erwähnt. Bietet die Ihnen denn viel Hilfe oder Trost?"

Sie bemerkte, wie zwanghaft sie Fusseln zupfte, faltete die Hände auf dem Schoß und seufzte: „In der Gemeinde ist es auch nicht so toll. Jeder gibt sich so fröhlich, aber es wirkt alles so oberflächlich. Außerdem fühle ich mich immer schuldig, weil ich weiß, was ich eigentlich alles tun sollte – eben das, was ein guter Christ tun sollte –, und ich mache nichts davon. Ich weiß einfach, daß Gott Abscheu vor mir empfindet. Ich kann es beinahe spüren. Ich empfinde jedenfalls Abscheu vor mir selbst."

*

Janet war offensichtlich unglücklich. Wenn man sie gefragt hätte, was ihren Kummer verursacht, hätte sie vermutlich geantwortet, ihre Ehe, ihre Gewichtsprobleme, ihre Unfähigkeit als Mutter, ihre Einsamkeit und viele andere Dinge seien das Problem.

Würde es Sie überraschen, wenn ich Ihnen sagte, daß Janet die *wirkliche* Ursache ihrer emotionalen Probleme übersah?

Die wirkliche Ursache waren die *Lügen,* die sie sich selbst erzählte. Sie glaubte an eine ganze Liste von emotional destruktiven Lügen, und das war die Ursache ihres Kummers.

Worin bestanden diese Lügen? Wenn Sie nicht dazu ausgebildet sind, auf so etwas zu achten, dann ist Ihnen vielleicht gar nicht aufgefallen, daß sie sich überhaupt irgendwelche Lügen zurechtlegte. Doch es war so. Schauen wir uns vier der Lügen, die sie mir unbewußt offenbarte, näher an, und vergleichen wir sie mit der Wahrheit. Sie machte sich selbst vor,

- ▷ es sei etwas Schreckliches, Fehler zu machen, während die Wahrheit ist, daß jeder Fehler macht und diese Fehler selten katastrophale Folgen haben. Mensch sein heißt Fehler machen. Dies ist die Lüge „Ich muß perfekt sein", die wir im Kapitel über „Selbstlügen" behandeln werden.
- ▷ ihr Ehemann verursache alle ihre Eheprobleme, während die Wahrheit ist, daß sie gleichermaßen verantwortlich dafür war. Dies ist die Lüge „Es ist alles deine Schuld", um die es im Kapitel über „Ehelügen" gehen wird.
- ▷ ihr Übergewicht mache sie zu einem verabscheuungswürdigen Menschen, während die Wahrheit ist, daß ihr Übergewicht wenig, wenn überhaupt etwas, mit ihrem Wert als menschliches Wesen zu tun hatte. Dies ist die Lüge „Du bist nur so viel wert wie deine Leistung", die wir im Kapitel über „Weltliche Lügen" erörtern werden.
- ▷ Gott verabscheue sie, weil sie sich nicht „christlich" genug verhalte, während die Wahrheit ist, daß Gott sie liebt – ganz unabhängig davon, wie sie sich verhält. Dies ist die Lüge „Gottes Liebe muß man sich verdienen", auf die wir im Kapitel über „Religiöse Lügen" eingehen werden.

Falls Sie jetzt denken, Janet sei ein Einzelfall, so irren Sie sich. Eigentlich unterschied sie sich kaum von Ihnen und mir. Die meisten von uns sind wie Janet auf einen ganzen Stapel Lügen hereingefallen, und wir bezahlen einen ebenso hohen emotionalen Preis dafür wie sie. Je mehr Lügen wir glauben, desto unglücklicher und emotional gestörter sind wir.

Unser Unglücklichsein und unsere emotionalen Schwierigkeiten sind größtenteils durch die Lügen verursacht, mit denen wir uns selbst beschwindeln. Das ist eine entscheidend wichtige

Wahrheit – und die Hauptthese dieses Buches. Und solange wir unsere Lügen nicht klar erkennen und durch die Wahrheit ersetzen, können wir unmöglich emotional unbeeinträchtigt bleiben.

Ihr geistiger Kassettenrecorder

Ihr Gehirn läßt sich gut mit einem Kassettenrecorder vergleichen. Es kann sowohl Botschaften aufnehmen als auch wiedergeben, und es hat Zugang zu einer persönlichen Bibliothek von Tausenden von Kassetten, die jederzeit abgespielt werden können. Diese Kassetten enthalten alle Überzeugungen, Einstellungen und Erwartungen, die Sie während Ihres Lebens „aufgenommen" haben.

Manche dieser Kassetten in Ihrem Gehirn enthalten die Wahrheit, wie etwa „Man kann es nicht allen recht machen" oder „Das Leben ist hart". Andere dagegen enthalten Lügen wie „Ich bin nur so viel wert wie meine Leistung", „Das Leben sollte fair sein" oder „Alles muß nach meinem Willen laufen, damit ich glücklich sein kann".

Viele Ihrer Lügenkassetten sind schon lange vorhanden, manche sogar seit Ihrer Kindheit. Sie haben sich diese Bänder solange angehört, daß sie mittlerweile wahr klingen, obwohl sie Lügen sind. Je öfter eine Kassette abgespielt wurde, desto fester glauben Sie daran, daß sie die Wahrheit enthält.

Viele Lügenkassetten werden in ihrem Geist abgespielt, ohne daß Sie es bemerken. Sie spielen im Unterbewußtsein, sobald das Leben auf die Play-Taste drückt. Unbewußt oder nicht – diese Kassetten beeinflussen jeden Tag auf dramatische Weise Ihre Gefühle und Ihr Handeln. Unwissenheit ist kein Segen, wenn es um diese Kassetten geht. Solange sie nicht ins Bewußtsein gebracht werden, sind Sie ihnen gnadenlos ausgeliefert.

Ihr emotionales Leben steht auf einer Kippe. Es spiegelt unmittelbar wider, ob Ihr Denken von Lügen oder von der

Wahrheit beeinflußt ist. Wenn in Ihrem Denken mehr Lügen als Wahrheit abgespielt werden, neigen Sie stärker dazu, unglücklich und bekümmert zu sein. Wenn Sie andererseits in Ihrem Geist mehr Wahrheit als Lügen aufgenommen haben und abspielen, dann werden Sie mehr Wohlbefinden als Unglücklichsein erleben. Und wenn Ihr Denken eine gleichmäßige Mischung aus Lügen und Wahrheit ist, dann ist ihr emotionales Erleben ein Auf und Ab. Sowohl die Lügen als auch die Wahrheit streben danach, Ihren Kassettenrecorder zu beherrschen, und wie Ihr Leben aussieht, hängt davon ab, welches von beiden diese Herrschaft erringt.

Die vorrangige Herausforderung besteht also nicht darin, die Umstände zu verändern, in denen wir leben – wenn auch nichts Verkehrtes daran ist, sie zu verbessern, wenn wir können. Die vorrangige Herausforderung besteht darin, unsere geistigen Kassetten mit soviel Wahrheit wie möglich zu bespielen, so daß wir in der Lage sind, mit allen Umständen, in die wir geraten, erfolgreich fertig zu werden.

Lügen bringen emotionales Leid hervor.

Wahrheit bringt emotionale Gesundheit hervor.

So einfach ist das. Jemand hat es in einem Buch so ausgedrückt: „Jeder Gedankensame, der gesät wird oder den man in seinen Geist fallen und dort Wurzeln schlagen läßt, bringt die entsprechende Ernte hervor. ... Gute Gedanken bringen gute Frucht, schlechte Gedanken bringen schlechte Frucht.“[1]

Dieses „Gesetz“, das die Welt der Seele regiert – daß Gedanken hervorbringen, was ihnen entspricht –, ist eigentlich eine der großartigsten Botschaften persönlicher Hoffnung für uns. Warum? Weil es emotionales Wohlbefinden für jeden erreichbar macht, der bereit ist, sich ganz darauf zu konzentrieren, die Wahrheit zu erkennen, zu glauben und anzuwenden.

Dieses Buch wird Ihnen helfen, das Wissen, das Bewußtsein und das Werkzeug zu ergreifen, um genau das zu tun.

Was sind Lügen – und was ist Wahrheit?

Bevor wir weitergehen, sollten wir die beiden ausschlaggebenden Begriffe „Lüge“ und „Wahrheit“ definieren.

Lügen sind, einfach ausgedrückt, Überzeugungen, Einstellungen oder Erwartungen, die nicht mit der Wirklichkeit übereinstimmen. Und danach müssen wir nicht lange suchen. Sie kommen zu uns. Wir lernen unsere Lügen aus den unterschiedlichsten Quellen – von unseren Eltern, unseren Freunden, der Kultur, in der wir leben, selbst von der Gemeinde, zu der wir gehören. Sie machen unser Leben emotional unglücklich, manchmal gar unerträglich.

Manche der Lügen, mit denen wir uns selbst betrügen, erkennen wir als Lügen. Doch wie ich schon sagte, halten wir andere tatsächlich für die Wahrheit, weil wir sie schon zu lange praktizieren. Dies sind die gefährlichsten Lügen, weil wir sie, wenn überhaupt, nur selten in Frage stellen. Wir stellen nicht in Frage, was wir für wahr halten.

Was ist dann die Wahrheit? Gute Frage. Eine gute Antwort darauf ist freilich schwer zu erhalten, denn es kann äußerst schwierig sein, die Wahrheit zu entdecken. Tatsachen können verdreht werden, selbst unabsichtlich, um jede beliebige Lüge zu unterstützen. Denken Sie daran, daß noch vor ein paar Jahrhunderten alle bekannten Tatsachen dafür sprachen, daß die Erde flach sei. Der Mord an John F. Kennedy ist ein weiteres treffendes Beispiel. Trotz der Augenzeugenberichte und allem Beweismaterial sind sich die Experten immer noch nicht einig, wie viele Attentäter es waren, wie oft sie geschossen haben, von wo die Schüsse abgefeuert wurden und wer hinter all dem steckte. In den vielen Jahren nach Kennedys Ermordung konnten sich diejenigen, die die „Tatsachen“ studierten, immer noch nicht einigen, was nun wirklich die Wahrheit ist.

Was also ist Wahrheit? Auf die Gefahr hin, eine klassische Untertreibung zu begehen: Wahrheit ist Wirklichkeit, wie sie ist – nicht, wie sie zu sein scheint. Können wir die unverfälschte Wahrheit einer Situation erkennen? Ja, aber die Wahrheit zu sehen und zu verstehen sind Fähigkeiten, die erlernt werden müssen, und wie bei den meisten Fähigkeiten kann das Erlernen sehr schwierig und manchmal schmerzlich sein. Doch je mehr Sie sich darin üben, desto besser werden Sie darin. Je besser Sie darin werden, desto gesünder fühlen Sie sich. Je mehr Sie in der Lage sind, die Wahrheit über sich selbst und das Leben zu erkennen, desto besser werden Sie den Dunstschleier Ihrer Lügen durchdringen können; und das ist eine der Fähigkeiten, bei deren Entwicklung Ihnen dieses Buch helfen kann.

Eine wichtige Mahnung bezüglich der Wahrheit möchte ich hinzufügen. Ich glaube, daß bestimmte Wahrheiten, „letzte" Wahrheiten, die dem Leben Mittelpunkt, Sinn und Substanz verleihen, nur auf geistlichem Wege zu erkennen sind. Die Wahrheit ist wie ein Eisberg. Was wir aus unseren alltäglichen Erfahrungen lernen können, ist nur die Spitze der Wahrheit, die wir selbst erkennen können. Zur Erkenntnis der tieferen, geistlichen Wahrheiten, die unter der Oberfläche des Lebens liegen, kommen wir nur, wenn wir uns auf eine größere Autorität stützen. So scheint es geplant zu sein. Um die mächtigsten und für die Lebensfähigkeit wichtigsten Wahrheiten von allen zu erkennen, müssen wir auf jene höhere Autorität schauen.

Lügen aus der Nähe betrachtet

Kehren wir zurück zu Janet. Sie war sich der Lügen, die ihr Unglücklichsein verursachten, nicht im geringsten bewußt. Erinnern Sie sich daran, daß sie viel mehr auf die äußeren Umstände ihres Lebens blickte und überzeugt war, daß sich diese Umstände verändern müßten, damit sie glücklich sein könnte. Ich möchte Ihnen zeigen, wie ich durch einfache Fragen und Antworten und mit der Wahrheit als Leitlinie Janet helfen konnte, ihre Situation zu erkennen.

„Janet, Sie haben erwähnt, daß Sie viel Angst davor haben, Fehler zu machen. Gehen Sie immer mit sich ins Gericht, wenn Ihnen etwas danebengeht?“ fragte ich.

„Nun, ja. Ich sollte keine Fehler machen, besonders nicht solche, die ich schon einmal gemacht habe“, sagte sie.

„Warum nicht?“

„Wie meinen Sie diese Frage?“ sagte sie und versteifte sich. „Weil Fehler dumm sind; weil intelligente Leute keine Fehler machen.“

„Wollen Sie damit sagen, daß Sie nicht intelligent sind, wenn Sie je einen Fehler machen?“ fragte ich.

„Nun, zumindest *fühle* ich mich nicht besonders intelligent.“

„Sie halten sich also für nicht intelligent beziehungsweise mögen sich selbst nicht, wenn Sie die Kinder anschreien, ein Glas fallen lassen oder ein paar Pfund zunehmen?“ fragte ich weiter.

„Es gibt nicht viele Leute, die fette, ungeschickte und zornige Mütter mögen“, sagte sie mit einem sarkastischen Gesichtsausdruck.

„Nein?“

Sie sah mich an. „Sie wissen schon, was ich meine ...“

„Nein, ich glaube nicht. Was meinen Sie?“

„Mögen *Sie* sich etwa, wenn Sie Fehler machen?“ versuchte sie den Spieß umzudrehen.

„Mir gefällt es bestimmt nicht, wenn ich einen Fehler gemacht habe, aber ich versuche, es dann nicht zu einer Sache der Selbstachtung zu machen.“ Ich blickte Janet ruhig an. „Ist es das, was Sie tun?“

„Selbstachtung!“ Sie legte eine Weile gedankenvoll die Stirn in Falten. „Na ja, vielleicht. Aber ... ich muß das Beste anstreben. Ich *will* alles so gut machen, wie ich irgend kann!“

„Kennen Sie jemanden, der in allem sein Bestes tut?“ entgegnete ich.

Sie machte ein Gesicht, als ob sie sich ertappt fühlte, und antwortete: „Nein, eigentlich nicht.“

„Also versuchen Sie, einem Ideal zu entsprechen, das Sie noch nie jemanden haben erreichen sehen?“ fragte ich.

„Also ...“

„Und wenn es Ihnen nicht gelingt, diesem Ideal zu entsprechen, was sagt das dann über Sie aus? Daß Sie nichts wert sind?“

„Also ... ich muß zugeben, daß ich mich wertlos fühle. Nun, in meinem Verstand weiß ich, daß das eigentlich nicht bedeutet, daß ich nichts wert bin“, räumte sie schließlich ein.

„Janet, spielen Sie doch einmal einen Augenblick lang Psychologe. Erkennen Sie irgendwelche Lügen, die Sie sich selbst in alledem vormachen?“

„Lügen?“

„Ja, Lügen.“

„Nein, eigentlich nicht“, antwortete sie.

„Wie klingt zum Beispiel diese? ‚Ich kann mich selbst nicht annehmen, solange ich nicht vollkommen bin.‘“

„Inwiefern ist das eine Lüge?“

„Weil es einfach nicht mit der Wirklichkeit übereinstimmt. Niemand ist vollkommen, und wenn Sie sich erst selbst annehmen, wenn Sie vollkommen sind, dann werden Sie für den Rest Ihres Lebens warten.“

Sie hob die Augenbrauen. „Okay. Ich hab's kapiert.“

„Ich möchte Sie etwas fragen“, sagte ich. „Was meinen Sie, wie die Leute reagieren würden, wenn Sie tatsächlich vollkommen wären? Würden sie Sie dann lieber mögen? Bevor Sie antworten, denken Sie an Leute aus Ihrem Bekanntenkreis, die ‚vollkommen‘ zu sein scheinen.“

„Nun, wenn Sie es so formulieren, nein ... Mit ‚vollkommenen' Leuten ist nicht ganz einfach auszukommen“, sagte sie und fing wieder an, hin und her zu rutschen. „Dr. Thurman, worauf wollen Sie hinaus?“

Ich neigte mich vor und sagte: „Sie machen sich eine Lüge nach der anderen vor und glauben sie alle. Darum sind Sie so deprimiert. Aber: Sie können diese Lügen – und Ihre Depression – loswerden, wenn Sie bereit sind, die nötige

Zeit und Mühe zu investieren." Ich hielt inne. Sie starrte mich etwas überrascht an. „Zum Beispiel, welche Lüge könnten Sie sich bezüglich Ihres Gewichts vormachen?"

„Eine Lüge? Nun ...", murmelte sie nachdenklich.

„Wie haben Sie sich heute morgen gefühlt, als Sie das Frühstück machten?" fragte ich sie.

„Das ist leicht zu beantworten. Ich fühlte mich häßlich. Ich fühlte mich dumm und wertlos, weil ich nicht in der Lage war, zehn Pfund abzunehmen."

„Und wie könnte die Lüge lauten, falls Sie mit Ihren Gefühlen falsch liegen?"

„Ich nehme an, ‚Ich muß schlank sein, um etwas wert zu sein' oder so ähnlich." Sie hielt inne, lehnte sich auf dem Sofa zurück, verschränkte die Arme und fügte hinzu: „Oder daß ich den Maßstäben anderer Leute entsprechen müßte. Ich nehme an, das sind Lügen. Ich glaube, das habe ich schon immer gewußt, auch wenn ich mich deswegen nicht besser fühle."

„Trotzdem, das ist ein guter Anfang", sagte ich ihr, und das war es auch. Schon bald würde Janet viel mehr Lügen bei sich entdecken und erkennen, wie sie ihr Leben beherrschten, und dann könnte sie sich langsam, aber sicher von ihnen befreien.

Fragen Sie sich, wie Ihre eigenen Lügen lauten? Nehmen Sie sich etwas Zeit, den folgenden Fragebogen zur Selbstanalyse auszufüllen, um es herauszufinden. Lesen Sie jede Aussage, und tragen Sie den Grad Ihrer Übereinstimmung beziehungsweise Nichtübereinstimmung anhand der folgenden Skala ein:

1	*2*	*3*	*4*	*5*	*6*	*7*
stimmt überhaupt nicht			*neutral*			*stimmt genau*

Verbringen Sie nicht zuviel Zeit mit den einzelnen Aussagen, sondern geben Sie die Antwort, die wiedergibt, was Sie wirklich empfinden. Versuchen Sie, die neutrale Antwort (4) zu vermeiden.

+ __6__ Ich muß perfekt sein.
__3__ Alle müssen mich liebhaben.
__3__ Es ist leichter, Problemen auszuweichen, als sich ihnen zu stellen.
__3__ Ich kann nicht glücklich sein, wenn nicht alles nach meinen Vorstellungen geht.
__2__ Mein Unglücklichsein hat äußere Ursachen.
__2__ Man kann alles haben.
+ __6__ Man ist nur so viel wert wie seine Leistung.
__3__ Das Leben sollte leicht sein.
+ __6__ Das Leben sollte fair sein.
__2__ Man sollte nicht auf etwas warten müssen, was man möchte.
__2__ Die Menschen sind im Grunde gut.
__3__ Mein Ehepartner ist an meinen Eheproblemen schuld.
__1__ Wenn es mit unserer Ehe so schwierig ist, passen wir wohl nicht zusammen.
__1__ Mein Ehepartner sollte alle meine Bedürfnisse erfüllen.
__1__ Mein Ehepartner ist mir etwas schuldig für das, was ich für ihn getan habe.
+ __6__ Ich sollte meine Persönlichkeit nicht verändern müssen, um meine Ehe zu verbessern.
__1__ Mein Ehepartner sollte sein wie ich.
__2__ Ich mache oft aus einer Mücke einen Elefanten.
+ __6__ Ich nehme oft Dinge persönlich.
__2__ Ich sehe die Dinge schwarzweiß.
__2__ Ich sehe oft den Wald vor lauter Bäumen nicht.
__3__ Es bleibt immer beim alten.
+ __5__ Ich beurteile Dinge oft eher nach meinen Gefühlen als nach den Tatsachen.
__1__ Gottes Liebe kann man sich verdienen.
__1__ Gott haßt die Sünde und den Sünder.

_____ Gott wird mich vor allem Übel bewahren.

_____ Alle meine Probleme werden durch meine Sünden verursacht.

_____ Es ist Christenpflicht, alle Bedürfnisse anderer zu erfüllen.

_____ Schmerzhafte Emotionen wie Zorn, Depressionen und Sorge sind Zeichen dafür, daß mein Vertrauen in Gott schwach ist.

_____ Gott kann mich nur gebrauchen, wenn ich geistlich stark bin.

Jede der hier aufgelisteten Behauptungen ist eine Lüge oder ein Weg, sich selbst zu belügen. Je stärker Sie also mit jeder einzelnen Aussage übereinstimmen, desto stärker stimmen Sie mit einer Lüge überein. Gehen Sie nun Ihre Antworten noch einmal durch, und setzen Sie ein Zeichen neben jede Aussage, die Sie mit 5, 6 oder 7 bewertet haben. Dies sind die Lügen, die Sie am stärksten zu glauben geneigt sind, und auf diese wird sich wohl Ihre Aufmerksamkeit am meisten richten, während Sie dieses Buch lesen.

Es kann sehr schwer sein zu versuchen, Ihre eigenen Lügen zu durchschauen und die Wahrheit zu erkennen. Noch schwerer wird es, wenn Sie es allein angehen. Betrachten Sie darum dieses Buch als eine Möglichkeit – vielleicht eine lebensverändernde Möglichkeit –, Ihre Lügen als das zu erkennen, was sie sind, und zu einem Leben zurückzukehren, das auf Wahrheit aufgebaut ist. Auf den folgenden Seiten wollen wir die Lügen, mit denen wir uns selbst etwas vormachen, demaskieren – die Lügen, die sich als Wahrheit verkleiden und uns in unserer Ehe, unserem Glaubensleben und unserem Alltag unglücklich machen. Und dann werden wir lernen, was wir tun können, um diese Lügen loszuwerden. Dabei werden Sie feststellen, daß viele der Lügen sich ein wenig überschneiden. Fast jeder kämpft mit einer Art von Lügen, die wiederum anderen Lügen Nahrung gibt.

Beim Lesen werden Sie sich oft selbst wiederentdecken;

doch auch Ihre Kollegen, Freunde, Angehörigen und selbst Ihren Pastor werden Sie in diesen Kapiteln finden. Viele Lügen haben wir mit den Menschen gemeinsam, die uns nahestehen. Und noch etwas haben wir gemeinsam – die Fähigkeit zur Veränderung. Doch die Wahrheit über Veränderung ist, daß man sie *wollen* muß. Wie Janet machen wir uns selbst unglücklich, doch ebenso können wir wie Janet Maßnahmen ergreifen, um etwas gegen dieses Unglücklichsein zu tun. Emotional gesund und heil zu sein, zufrieden mit der Wirklichkeit zu leben, wie sie ist, nicht wie sie erscheint – das ist unser Ziel.

Drücken Sie also bei Ihrem inneren Kassettenrecorder auf die „Pause"-Taste und lesen Sie weiter.

Selbstlügen

Nichts ist leichter, als sich selbst zu betrügen; denn was wir uns wünschen, das glauben wir bereitwillig.

Demosthenes

„Nie klappt etwas so, wie ich es mir vorstelle."

Susan hatte sich in meine Beratung begeben, weil sie unter einem gigantischen Ausmaß von Zorn und Bitterkeit litt. „Ich habe nie Glück", beklagte sie sich. „Als ich heute hierhergefahren bin, steckte ich zum Beispiel hinter einem Kieslaster fest. Plötzlich war alles voll Kies, und er flog mir gegen die Windschutzscheibe! Sie bekam einen Sprung! Ich scherte aus, um dem Rest auszuweichen, aber der Typ auf der anderen Spur wollte mich nicht hinüberlassen – er hupte mir so laut die Ohren voll, als wollte er die Toten aufwecken!"

„Ziemlich harter Tag! Doch Sie scheinen der Meinung zu sein, daß es anderen Leuten besser geht."

„Für mich sieht es so aus. Andere Leute sind glücklich. Ich verstehe einfach nicht, warum auf mir immer alles herumtrampelt. Warum habe ich so einen jämmerlichen Mann bekommen? Warum habe ich nicht die Stelle erhalten, die ich wollte? Warum geht meine Windschutzscheibe kaputt? Das Leben müßte etwas leichter sein, das ist alles."

Die meisten von uns fühlen sich an jedem Tag ihres Lebens ein bißchen so wie Susan. Sie glaubt, daß es andere Leute leicht hätten, während sie es schwer habe. Sie glaubt, daß alles nach ihren Wünschen gehen müsse, bevor sie glücklich sein könne. Und wenn sie sich ärgert, dann liege es daran, daß etwas oder jemand dies verursacht habe. Es dauerte nicht lange, bis Susan im Selbstmitleid unterging und sich dem Leben nicht mehr stellen konnte – nur weil sie ein Bündel von Lügen glaubte, ein Bündel von Selbstlügen.

Die Lügen, mit denen wir uns selbst täuschen, spiegeln – wie Demosthenes in dem obigen Zitat andeutet – oft das wider, wovon wir uns *wünschen,* daß es wahr wäre; ob es nun wahr ist oder nicht. Wenn wir auf solche Lügen aufmerksam gemacht werden, leugnen wir sogar oft, daß wir sie glauben, weil sie so unrealistisch oder unsinnig klingen. Susan würde es sicherlich leugnen. Unser Verhalten und unsere Emotionen verraten jedoch, daß wir sie glauben, und so üben diese Lügen einen starken Einfluß auf uns, auf andere und die Welt um uns her aus. Die Lügen, die wir in diesem Kapitel erörtern werden, sind diejenigen, die sich nach meiner Praxiserfahrung am zerstörerischsten auswirken. Beginnen wir mit einer Lüge, die in unserer erfolgsorientierten Gesellschaft Hochkonjunktur hat.

„Ich muß perfekt sein."

Vor mehreren Jahren suchte Jim meinen Rat, ein höchst erfolgreicher Geschäftsführer einer Firma für Kommunikationssysteme. Er erzählte mir, daß er die meiste Zeit seines Lebens unter starken Minderwertigkeitsgefühlen gelitten und versucht habe, diese Gefühle durch überwältigenden Erfolg zu überwinden. Doch nichts von dem, was er erreichte, verbesserte das Bild, das er von sich selbst hatte. Nun war er sogar chronisch depressiv und konnte dem Leben nur wenig Freude und Befriedigung abgewinnen.

„Ich glaube, das Kernproblem ist, daß ich mich selbst hasse", sagte er mir eines Tages.

„Warum meinen Sie, daß Sie sich selbst hassen?" fragte ich.

„Nun, ich mache niemals etwas so gut, wie es getan werden müßte."

„Niemals?"

„Niemals!“ sagte Jim, wobei er die Arme verschränkte und den Rücken so steif hielt, als hätte er einen Stock verschluckt. Ich spürte, daß dies eine Reaktion war, die er schon viele Male gezeigt hatte.

Was Jim da sagte, war ungewöhnlich. Die meisten von uns sind auf wenigstens *irgend etwas* stolz, das wir tun. Seine Antwort warf ein helles Licht auf sein übertriebenes Streben nach Vollkommenheit. „Jim, Sie wissen doch, daß Sie talentiert sind. Ich finde es überraschend, von Ihnen zu hören, Sie hätten niemals irgend etwas gut genug gemacht, um damit zufrieden zu sein.“

„Tja, nun, aber es stimmt.“

„Vielleicht legen Sie zu hohe Maßstäbe an.“

Jim explodierte. „Meine Maßstäbe sind nicht zu hoch! Wenn ich nicht die höchstmöglichen Ziele anstrebte, wäre ich nicht der, der ich bin.“

„Und da Sie nun der sind, der Sie sind, wie fühlen Sie sich dabei?“

Er sank in sich zusammen und schaute mich schweigend an. Die Antwort auf diese Frage kannte er.

„Wäre es möglich, daß Ihre Maßstäbe für Sie wichtiger geworden sind als Ihre eigene Seelenruhe und Zufriedenheit?“ fragte ich.

Auf diese offene Frage antwortete Jim ausweichend: „Es muß doch trotzdem einen Weg für mich geben, meine Maßstäbe einzuhalten und gleichzeitig inneren Frieden zu haben.“

*

An dieser Unterhaltung mit Jim läßt sich gut beobachten, wie die meisten Perfektionisten denken. Sie legen unrealistisch hohe Maßstäbe an, denen sie nie gerecht geworden sind und auch unmöglich gerecht werden können, doch sie hängen an diesen eigenen Richtlinien, als seien sie Gegenstände religiöser Verehrung. Selbst wenn sie depressiv werden oder gar an Selbstmord denken, weisen sie den Gedanken, etwas an ihrer Wertskala zu ändern, als „Gotteslästerung“ von sich. Auf sehr schmerzliche Weise werden ihnen ihre Maßstäbe wichtiger als sie selbst.

Jeder von uns fühlt sich – ebenso wie Jim – bis zu einem gewissen Grade minderwertig. Der Psychologe Alfred Adler hat es so ausgedrückt: „Menschsein heißt, sich minderwertig zu fühlen.“ Manche Menschen versuchen, mit diesen Minderwertigkeitsgefühlen fertig zu werden, indem sie ihre Schwächen akzeptieren und ihr möglichstes tun, um sie auszumerzen. Leider kämpfen andere gegen diese Gefühle an, indem sie versuchen, ihre Mängel durch überbetonte Ansprüche an sich selbst zu beheben und vollkommen zu werden. Es ist, als ob wir zu uns selbst sagten: „Wenn es mir nur gelingt, vollkommen zu werden, dann kann ich diese Gefühle beiseite legen und mich selbst annehmen.“ Doch jedes Streben nach Vollkommenheit ist von Anfang an zum Scheitern verurteilt.

Was genau ist Perfektionismus? Der Psychiater Dr. David Burns, der für seine Untersuchungen zu Gemütskrankheiten wie der Depressivität bekannt ist, schlägt eine sehr gute Definition vor:

„Ich meine damit *nicht* das gesunde Streben nach hervorragenden Leistungen von Männern und Frauen, die aus dem Bemühen, hohen Maßstäben gerecht zu werden, echte Freude gewinnen. Ohne das Bemühen um Qualität erschiene das Leben flach, und echte Leistungen wären selten. ... Ich rede von ... denen, deren Maßstäbe unerreichbar und unvernünftig hoch sind; von Menschen, die sich zwanghaft und unablässig nach unmöglichen Zielen ausstrecken und ihren eigenen Wert ausschließlich nach ihrer Produktivität und Leistung bemessen. Bei diesen Menschen kann der Drang, sich auszuzeichnen, nur in die Niederlage führen.“[1]

Erkennen Sie sich darin wieder? Wenn ja, dann kennen Sie nur zu gut den emotionalen Preis, den man dafür bezahlen muß, ein Perfektionist zu sein. Das Bedürfnis, vollkommen zu sein, schafft ein Umfeld, in dem man nicht mehr gewinnen kann. Warum? Weil Sie sich, wenn Sie die hohen Ziele erreichen, die Sie sich gesetzt haben, sagen werden: „Das war eigentlich überhaupt nichts. Ich habe nur meine Pflicht getan. Nichts Besonderes." Wenn Sie jedoch das gleiche Ziel nicht erreichen, werden Sie zweifellos denken: „Was ist los mit mir? Was für ein Idiot ich bin! Kann ich denn nichts richtig machen?"

So wird das Leben bald zu einer nie endenden Serie von „Prüfungen", die ständig „Prüfungsangst" bei Ihnen auslösen („wie gut oder wie schlecht werde ich abschneiden?"), und Sie werden sich selten eine Pause gönnen, um den Erfolg zu genießen, wenn Sie Hervorragendes geleistet haben.

Fast alle Perfektionisten erkennen früher oder später, daß es unmöglich ist, vollkommen zu sein. Doch die meisten von denen, die ich beraten habe, würden sich für Drückeberger halten, wenn sie ihre Erwartungen auf eine realistische Höhe zurückschraubten, mit der man leben kann – selbst dann noch, wenn sie schließlich einsehen, was die unrealistischen Erwartungen für ihr emotionales Wohlbefinden bedeuten.

In Wirklichkeit steht noch mehr auf dem Spiel als nur ihr emotionales Wohlbefinden. Viele Perfektionisten kommen schließlich an den gleichen Punkt wie der blitzgescheite junge Anwalt, der mich im letzten Jahr aufsuchte, als er seine Selbstmordgedanken nicht mehr abschütteln konnte. Dieser geschliffene Mann, der eine glänzende Zukunft vor sich hatte, war nicht in der Lage, das Gute zu sehen, das er getan hatte, weil er sich auf seine Unzulänglichkeiten konzentrierte. Anstatt etwas daran zu ändern, daß er der Perfektionismuslüge glaubte, war er nahe daran, sich selbst umzubringen. So stark können Lügen in unserem Leben werden.

Wovor fürchten sich Perfektionisten? Sie fürchten, nichts zu erreichen, wenn sie ihre Maßstäbe nicht extrem hoch schrauben. Sie haben Angst davor, als Versager abgestempelt zu werden, und Versagen ist die unvergebbare Sünde in unserer Gesellschaft. Das ist zum Beispiel auch die Schattenseite der amerikanischen „Macher“-Seele. Dabei wurde Amerika ironischerweise von Versagern gegründet: Leute, die in Europa gescheitert waren, kamen nach Amerika; dann besiedelten Leute, die es in den Städten nicht schafften, die Wildnis. In seinen besten Stunden weiß auch ein Amerikaner, daß Erfolg nicht darin besteht, sich vor dem Versagen zu fürchten, sondern daraus zu lernen. Doch Perfektionisten wollen sich diesen Luxus nicht leisten.

Wenn ich mit dieser Lüge besonders hart ins Gericht zu gehen scheine, so liegt es daran, daß ich selbst ständig gegen sie ankämpfe. Beim Schulsport pflegte ich zum Beispiel meinen Tennisschläger zu Boden zu schleudern, wenn ich nicht „perfekt“ spielte. Durch meine perfektionistischen Wutanfälle gingen so viele Tennisschläger zu Bruch, daß ich dem Sportartikelgeschäft in unserer Stadt jahrelang den Umsatz sicherte. Auf dem College wurde es noch schlimmer. Wenn ich bei einem Turnier nicht perfekt spielte, wurde ich so wütend, daß ich aus vollem Halse Wörter schrie, die zur Veröffentlichung nicht geeignet sind. Öfter als ich erzählen will, habe ich einen Narren aus mir gemacht. Und warum? Weil ich meinte, ich sei nichts wert, solange ich nicht alles perfekt machte. Mein Verstand sagte mir, daß das ein unmögliches Ziel war. Doch diese Erkenntnis widerstrebte meinen Gefühlen.

Was kann man also tun, um diese Lüge zu bekämpfen? Jim begann allmählich, die Antwort zu erkennen. Mein Gespräch mit ihm endete so:

„Schauen Sie, wenn ich mich nicht bemühe, der Beste zu sein, dann bin ich mittelmäßig wie alle anderen“, sagte Jim und gestand damit seine größte Angst ein.

„Sagten Sie ‚*der* Beste‘? Was ist der Unterschied zwischen *der* Beste sein und *Ihr* Bestes tun?“ fragte ich.

„Das sollte ein und dasselbe sein“, antwortete Jim.

„Und wenn es das nicht ist?" hakte ich nach.

„Dann bin ich ein Versager", entgegnete er mit ruhiger Stimme.

Das war der Punkt, an dem er festhing. Jim sagte sich, daß *sein* Bestes immer *das* Beste sein sollte. Er konnte den Gedanken, daß er diese „Gangart" nicht lange durchhalten könnte, nicht akzeptieren. Nun saß er da und klopfte mit den Fingern auf die Armlehne.

„Sie wollen also ein Roboter sein?" fragte ich.

Er hörte auf zu klopfen. „Was?"

„Nur ein Roboter, etwas Nichtmenschliches, könnte so vollkommen sein."

Jim lachte. Es war das erste Mal innerhalb mehrerer Wochen, daß ich ihn lachen sah. „Komisch, daß Sie es so ausdrücken; ich fühle mich oft, als sei ich ein Roboter oder als versuchte ich, einer zu sein."

„Und was für ein Gefühl ist das?"

„Schauderhaft!" seufzte Jim. „Es ist ein furchtbares Gefühl. Ich fühle mich festgefahren. Verstopft. Als könnte ich kein normaler Mensch sein."

„Genau das ist es", sagte ich. „Ihr Perfektionismus läßt Sie tatsächlich kein normaler Mensch sein. Jim, so paradox es auch erscheinen mag: Ich glaube, wenn Sie realistischere Maßstäbe entwickeln, wird Ihnen das helfen, die gleichen hohen Leistungen zu erbringen wie jetzt auch, wenn nicht sogar noch höhere."

Jim dachte einen Augenblick nach. Dann sagte er: „Okay, in der Theorie klingt das gut, aber woher weiß ich, daß ich realistisch bin und nicht idealistisch?"

„Warum nehmen Sie nicht Ihre gegenwärtige Leistungsebene als Grundlinie?" schlug ich vor. „Mit anderen Worten, nehmen Sie Ihre durchschnittliche Leistung in einem bestimmten Bereich und setzen Sie sich ein Ziel, das nicht bedeutend höher liegt, sondern ein bißchen höher. Sie spielen doch Golf, oder? Wie ist Ihr durchschnittliches Ergebnis?"

„Mein Handikap liegt bei sechzehn“, sagte er.

„Das ist die durchschnittliche Anzahl der Schläge, die Sie pro Loch benötigen, nicht wahr?“

„Genau.“

„Wäre es nicht realistischer, diesen Durchschnitt um einen oder zwei Schläge zu senken, als zu versuchen, ihn um zehn zu senken? Ich glaube, Sie versuchen, bei Ihrer Leistung im ganzen Leben den Durchschnitt um zehn oder fünfzehn Schläge zu senken, und das macht Sie mut- und hoffnungslos.“

Einige Zeit lang klopfte Jim mit den Fingern auf die Armlehne, bis er schließlich antwortete: „Vielleicht. Ich fange an zu verstehen, worauf Sie hinauswollen. Ich denke, wir könnten an bestimmten Zielen arbeiten, Stück für Stück.“

Perfektionismus ist eine Lüge, die schwer zu durchbrechen ist. Voraussetzung dazu ist, daß der Perfektionist sich selbst mit Respekt behandelt, sich zugesteht, die gleichen Fehler zu machen wie andere Sterbliche, und anerkennt, daß seine Bemühungen schon an und für sich einen Wert haben. Jim ist, wie so viele andere, ein Opfer der sogenannten Gewinner-Mentalität. Unsere Sportveranstaltungen, bei denen es nur wenige Gewinner gibt und die Verlierer weinend in den Kabinen gefilmt werden, lehren uns die verheerende Lektion, daß nicht der Wettkampf, sondern der Preis entscheidend ist. Ob es nun um eine abgeschlagene Bewerberin um den Titel der „Miss World“ geht oder um einen Mann, dem eine Beförderung entgangen ist – der Zweitbeste ist einfach nicht gut genug. Vollkommenheit, die Nummer eins zu sein, das ist das einzige, was zählt.

Mit dieser Einstellung produzieren wir Millionen über Millionen von Menschen, die sich wie Verlierer vorkommen, weil sie niemals die Nummer eins waren. Wir alle scheinen die Botschaft zu hören: „Es ist egal, ob du dein Bestes tust; was zählt ist, daß du gewinnst.“ Was für eine fürchterliche, vernichtende Botschaft! (Denken Sie daran, daß Gewinner oft viele Male verlieren, bevor sie zu gewinnen anfangen.)

Dankenswerterweise haben sich Philosophen wie Lord Houghton für die Wahrheit eingesetzt, die dieser Lüge entgegensteht: „Es kommt auf den Wettkampf an, nicht auf den Preis."

Jim hat nun begonnen, diesen selbstzerstörerischen Kreis zu durchbrechen. Er ist immer noch von Natur aus ein Erfolgsmensch und wird es wohl auch immer bleiben; aber er lernt allmählich, auch seine *Anstrengungen* zu genießen, wenn er danach strebt, nicht die Maßstäbe der Welt, sondern seine eigenen zu erfüllen.

„Alle müssen mich liebhaben."

„Solange mich nicht alle lieben und akzeptieren, kann ich mich selbst nicht gut finden."

Das ist im wesentlichen, was diejenigen, die diese Lüge glauben, zu sich selbst sagen. Solche Leute werden zu sozialen Chamäleons; sie verändern häufig ihre „Farbe", um sich ihrer Umgebung anzupassen, damit sie es jedermann recht machen und sich überall Anerkennung verschaffen können. Doch nach einiger Zeit verliert ein solches Chamäleon jedes Bewußtsein des eigenen Selbst, seiner wahren „Farbe" als Person. „Wer bin ich? Wie bin ich wirklich? Wie empfinde ich wirklich?" Das sind die Fragen, die ich von Patienten höre, auf denen diese Lüge lastet.

Cindy wuchs in dem Bestreben auf, es allen recht zu machen, und sie leitete einen großen Teil ihres Selbstwertes aus ihrer Fähigkeit ab, sich bei allen beliebt zu machen. Ihre Noten waren immer gut. Sie verursachte ihren Eltern nie Probleme und war sich in den meisten Dingen mit ihren Eltern einig. Nun, mit dreiundzwanzig, ist ihr der Gedanke gekommen, daß all die Jahre, in denen sie sich bemühte, anderen zu gefallen, auch ihre Nachteile haben mochten. Eine ihrer ersten Aussagen mir gegenüber sprach schon Bände: „Ich kann es nicht ertragen, wenn sich jemand über mich ärgert. Mir ist dann, als müßte ich irgend etwas tun, um ihn dazu zu bringen, mir wieder wohlgesonnen zu sein." Dann senkte sie den Blick. Allzuviel Augenkontakt mochte sie nicht.

Ich versuchte, sie aus ihrer Reserve zu locken: „Ist in letzter Zeit etwas Bestimmtes passiert?"

„Ich habe mich einer Gemeinde angeschlossen, die zu einer anderen Denomination gehört als die meiner Eltern. Ihnen gefällt das nicht, und sie üben Druck auf mich aus, damit ich wieder zurückwechsle", murmelte sie.

„Wie würden Sie es empfinden, wenn Sie das täten?"

Cindy schaute mir direkt in die Augen. „Es wäre mir zuwider. Diese neue Gemeinde kommt wirklich meinen Bedürfnissen entgegen, und ich fühle mich dort Gott näher. Aber meine Eltern machen mich verrückt. Ich könnte explodieren! Ich weiß nicht, was ich tun soll!"

„Ich habe den Eindruck, Sie wissen schon, was Sie tun wollen", sagte ich langsam.

„Tue ich das? Meinen Sie, ich will in diese neue Gemeinde gehen?"

„Wollten Sie das nicht ausdrücken? Lassen Sie sich von mir nicht die Worte in den Mund legen", entgegnete ich in dem Bewußtsein, daß sie versuchen könnte, auch mir alles recht zu machen.

„Ja", antwortete sie leise, „so ist es. Ich möchte wirklich dort bleiben."

„Was ist mit der Zustimmung Ihrer Eltern?" fragte ich.

„Nun, es macht mich ganz fertig, daß ich sie nicht habe", sagte sie. „Vielleicht kann ich es ihnen erklären?"

„Und wenn sie es nicht verstehen?"

„Das wäre furchtbar für mich. Ich weiß, daß ich unabhängiger werden muß von dem, was sie denken, aber das macht mir sehr zu schaffen."

Cindys Bedürfnis nach Anerkennung war ein ebenso aussichtsloses Streben wie der Perfektionismus. Selbst wenn Sie heute Anerkennung gewinnen mögen, haben Sie sie vielleicht morgen schon wieder verloren. Jeder Tag stellt Sie vor die gleiche Forderung: Kann ich mir die Anerkennung der Menschen erwerben und sie auch behalten?

Mit dieser Lüge legen Sie Ihr emotionales Wohlbefinden in die Hände von Leuten, die möglicherweise nicht vertrauenswürdig sind. Dadurch bekommen andere eine beträchtliche Macht über Sie, und manche dieser anderen, seien es Angehörige oder Freunde, könnten sich das zunutze machen. Es wird viel zu leicht, Sie zu manipulieren, besonders für diejenigen, die Ihnen am nächsten stehen. Die nach Anerkennung heischenden „Opfer" kommen schließlich dazu, sich mehr um andere zu kümmern als um sich selbst, wobei sie ihren wachsenden Zorn unterdrücken.

Ein Freund von mir, Doug, geht auf die Vierzig zu, und man könnte ihn als einen glücklichen Familienvater bezeichnen – von der Art mit zwei Kindern, einer netten Frau und einem Cockerspaniel. Doug hat jedoch auch ein starkes Bedürfnis, seiner Mutter zu gefallen, die etwa fünfhundert Kilometer entfernt wohnt. Auch nachdem er das Elternhaus verlassen hatte, verbrachte er Weihnachten, Ostern und den Muttertag jedesmal mit seiner Mutter – selbst dann noch, als er schon verheiratet war. Da die Familie seiner Frau in derselben Stadt lebte wie er, hielt er es für fair, die Feiertage mit seiner Mutter zu verbringen. Und selbst wenn er mit seiner Familie gelegentlich einen Teil eines Festes bei seinen Schwiegereltern verbrachte, machten sie dennoch dann die lange Reise zu seiner Mutter, um für den Rest der Feiertage dort zu sein.

An einem Osterfest hatte Doug eine sehr arbeitsreiche Zeit hinter sich und beschloß, lieber zu Hause zu bleiben und die Feiertage geruhsam in der eigenen Familie zu verbringen. Seine Mutter war damit ganz und gar nicht einverstanden. Sie machte Doug unmißverständlich klar, daß er kein guter Sohn sei, wenn er sie nicht besuchen würde.

„Ich liebe meine Mutter, Chris", vertraute er mir an. „Das tue ich wirklich. Aber manchmal denke ich, daß ich meine eigene Familie vernachlässige, um meiner Mutter zu gefallen."

Die meisten von uns können sich in dieser Art der emotionalen Bindung wiedererkennen. Wir denken: „Soll ich tun, was ich für richtig halte, obwohl ich weiß, daß es anderen nicht gefallen wird? Oder sollte ich versuchen, es anderen recht zu machen, indem ich tue, was sie wollen, und meine eigenen Überzeugungen ignoriere?"

Das emotionale Ergebnis dieses Konfliktes ist, daß wir hin und her gerissen sind zwischen Schuldgefühlen (darüber, daß wir tun, was wir wollen – statt zu tun, was andere von uns wollen) und Zorn (darüber, daß wir tun, was andere von uns wollen – statt zu tun, was wir wollen). Zorn und Schuldgefühle – nicht gerade eine gute Auswahl!

Die Wahrheit ist, daß manche Leute uns oder das, was wir tun, nun einmal nicht mögen, wie sehr wir uns auch anstrengen. Doch bei dem Versuch, durch ständiges Nachgeben jedermanns Liebe und Anerkennung zu erringen, können wir uns selbst verlieren. Wie sollen wir dann dieses Dilemma lösen? Eine gute Möglichkeit besteht darin, daß Sie sich selbst immer wieder die Wahrheit sagen, die diese Lüge überwinden wird (daß Sie nicht jedermanns Anerkennung haben können und daß der Versuch ihre Situation nur verschlimmert), wann immer Sie sich darin verfangen. Auf diese Weise hören Sie bewußt die Wahrheit, während in Ihrem Unterbewußtsein die Lügenkassette gespielt wird, und Sie werden in die Lage versetzt, Ihre Gefühle zu beherrschen und eine wohldurchdachte Entscheidung zu treffen. Die Psychologen nennen diesen Prozeß „Selbstgespräch", und wir werden später noch im einzelnen auf dieses Vorgehen zu sprechen kommen.

„Es ist leichter, Problemen auszuweichen, als sich ihnen zu stellen".

Als ich Professor am College war, fiel mir bei meinen Studenten ein interessantes Verhalten auf. Wenn ich eine Aufgabe stellte, gab es immer einige Studenten, die diese Aufgabe vor sich herschoben bis zum Abend vor dem Tag, an dem sie fällig war. Auf irgendeiner bewußten oder unbewußten Ebene glaubten diese Studenten, der beste Weg, mit schwierigen Situationen des Lebens fertig zu werden, bestehe darin, ihnen aus dem Weg zu gehen. Diese „Ausweicher" verschwendeten zwar eine Menge Zeit damit, sich wegen der schwierigen Aufgaben Sorgen zu machen, aber das Verschieben schien ihnen dennoch die beste Alternative zu sein.

Andere Studenten gingen die Aufgabe an, indem sie jeden Tag einen kleinen Teil davon erledigten, wodurch aus einer schwierigen Aufgabe eine nutzbringende und durchaus zu bewältigende Angelegenheit wurde.

Diese beiden Gruppen führten den unterschiedlichen Umgang mit der Lüge vor „Es ist leichter, Problemen aus dem Weg zu gehen." Die erste Gruppe, die „Ausweicher", bestand aus denjenigen, die sich selbst belogen. Zur zweiten Gruppe, den „Stehern", gehörten diejenigen, die sich an der Wahrheit orientierten. Sie dürfen raten, welche der beiden Gruppen bei den Aufgaben besser abschnitt.

Im Leben ignorieren die Ausweicher Probleme so lange, bis sie entweder verschwinden oder sich so weit verschlimmert haben, daß man sich unbedingt mit ihnen befassen muß: das merkwürdige Geräusch unter der Motorhaube, die kleinen unerklärlichen Belastungen, die jeden Monat auf dem Kontoauszug auftauchen, der kleine Konflikt in der Ehe. Wohlhabende, erfolgreiche Leute halten sich mit solchen kleinen Unannehmlichkeiten nicht auf, sagen sich die Ausweicher, und so gehen sie Problemen um jeden Preis aus dem Weg. Probleme sind für andere, für die Verlierer. Natürlich wissen wir, daß das Leben es an sich hat, immer mühsamer zu werden, wenn man diesen Problemen aus dem Weg geht, während sie sich Tag für Tag aufhäufen. Sie verschwinden nicht einfach. Man muß sich mit ihnen befassen.

Mir macht es große Sorgen, daß viel zu viele Eltern aus fehlgeleiteter, durch diese Lüge getriebener Liebe ihre Kinder unnötigerweise von Problemen befreien. Wenn Eltern es sich zur Gewohnheit machen, ihre Kinder aus etwas herauszupauken, dann fangen auch die Kinder an, diese Lüge zu glauben – und bald wird sie zu einer tief eingeprägten „Wahrheit". Doch damit tut man diesen Kindern keinen Gefallen. Sie sind der Chance beraubt, angemessene Lösungsfähigkeiten zu entwickeln, die sie brauchen werden, wenn das Leben mit all seinen unvermeidlichen Beschwernissen sie im Erwachsenenalter voll trifft. Ich bin der festen Überzeugung, daß Kinder – abgesehen von bestimmten ernsten Situationen, mit denen sie nicht selbst fertig werden können – dafür verantwortlich sein sollten, sich ihren Problemen selbst zu stellen.

Ich habe bei der Erziehung meines Sohnes Matthew und meiner Tochter Ashley mit diesem mißverstandenen Liebesimpuls zu kämpfen. Mein spontaner Wunsch ist, daß sie beide ohne die geringste Sorge durchs Leben gehen und nie zu weinen oder Unannehmlichkeiten zu ertragen brauchen. Auf den zweiten Blick wird mir die Unmöglichkeit dieses Wunsches bewußt.

Kürzlich haben wir uns einer neuen Gemeinde angeschlossen. Matthew war nicht allzu begeistert von der neuen Sonntagsschule, und jedes Mal, wenn wir ihn zu seinem Unterrichtsraum führten, gab er seinen Gefühlen lautstarken Ausdruck. Es war ein gräßliches Gefühl, unser weinendes, verängstigtes Kind dort zurückzulassen. Sechs Sonntage nacheinander war ich drauf und dran, „sei's drum" zu sagen, mich umzudrehen, ihn zu ergreifen und mit in den „großen" Gottesdienst zu nehmen. Kurzfristig wäre dieses Handeln befriedigend gewesen. Langfristig jedoch hätte es sich schädlich ausgewirkt. Matthew hätte allmählich angefangen, mit meiner Hilfe zu rechnen, und ich säße in einem Verhaltensmuster als Befreier fest. Also blieb ich eisern, ertrug meinen Schmerz und ließ Matthew seinen ertragen. Und bald begann er, seine Lehrer und Klassenkameraden zu mögen.

Wenn wir glauben, unsere Probleme verschwänden, wenn wir ihnen aus dem Weg gehen, ist das geradezu eine Einladung für emotionale Probleme. Der Psychiater Scott Peck bemerkt in einem Buch:

„Aus Angst vor Schmerzen versuchen wir fast alle mehr oder weniger, Problemen auszuweichen. Wir schieben sie vor uns her in der Hoffnung, daß sie weggehen werden. Wir ignorieren sie, vergessen sie, tun so, als seien sie nicht vorhanden. ... Wir versuchen, ihnen zu entkommen, anstatt sie zu durchleiden.

Diese Tendenz, Problemen und dem emotionalen Leid, das sie mit sich bringen, auszuweichen, ist die Hauptursache aller geistigen Krankheiten."[2]

Wer Schmerzen ausweicht, muß auf lange Sicht normalerweise mehr Schmerzen erleiden. Wer sich seinen Schmerzen stellt, erspart sich eine Menge unnötigen Leides.

„Ich kann nicht glücklich sein, wenn nicht alles nach meinen Vorstellungen geht."

Ich hatte einmal einen jugendlichen Klienten, der ganz besessen davon war, daß alles auf eine bestimmte Weise laufen mußte, damit er einen „guten Tag" hätte. Ich bat ihn, eine Liste von allen Dingen aufzuschreiben, die an einem Tag passieren müßten, damit es ein guter Tag wäre. Seine unglaublich detaillierte Liste begann so:

- von einem Lieblingslied im Radiowecker geweckt werden,
- eine bestimmte Zusammenstellung von Kleidungsstücken und Tennisschuhen tragen,
- zum Frühstück keine Haferflocken essen müssen,
- im Schulbus den vordersten Sitzplatz ergattern,
- von allen Freunden den ganzen Tag nette Dinge gesagt bekommen.

Die Liste setzte sich so lange fort und war so voller Einzelheiten, daß es buchstäblich unmöglich war, daß alles genau so lief, wie er es wollte. Infolgedessen konnte er nie einen glücklichen Tag erleben. Irgend etwas ging ihm immer gegen den Strich.

Seien Sie ehrlich: Gehören Sie zu den Leuten, die keinen Film genießen können, wenn direkt vor Ihnen jemand sitzt? Können Sie sich an einer Mahlzeit erfreuen, wenn die Bedienung langsam ist? Und ich wette, Sie sind noch nie wütend geworden, wenn Sie im dichten Verkehr hinter einem Sonntagsfahrer festsitzen, oder?

Die Wirklichkeit ist so, daß Ampeln nicht auf Grün springen, wenn Sie es wollen; daß Leute reden, wenn Sie wünschen, sie täten es nicht; daß Ehepartner unfreundlich sind, wenn Sie ein freundliches Wort brauchen, und daß Schlangen lang sind, wenn Sie es eilig haben. Wer nicht glücklich sein kann, wenn die Dinge nicht nach seinem Willen laufen, der ist ein Kandidat für Magengeschwüre, Migräne und Unglücklichsein.

Als ich einmal versuchte, eine Kassette in unseren Videorecorder einzulegen, kam die Kassette sofort wieder herausgesprungen. Da unser Videorecorder keine automatische Auswurf-Funktion hat, öffnete ich die Klappe, und was glauben Sie: in unserem teuren Videorecorder befanden sich zwei Spielzeugautos, eine Zahnbürste und zwei Heftpflaster! Mein kleiner Sohn hatte seine kostbaren Besitztümer hinter der kleinen Plastikklappe gelagert. Während mir in diesem Moment eine saftige Reparaturrechnung durch den Kopf tanzte, war ich mehr als nur ein bißchen wütend darüber, daß das Leben nicht nach meinen Wünschen lief. Und im gleichen Moment konnte ich mir entweder die *Lüge* zurechtlegen, ich könne nicht glücklich sein, solange das nicht der Fall sei, oder die *Wahrheit,* daß das Leben laufen könne, wie es wolle, und ich könne immer noch zufrieden sein.

Diejenigen unter uns, die an der „Mein-Wille-geschehe-Lüge" leiden, glauben bis zu einem gewissen Maß, daß die Welt sich um uns dreht. Diese narzißtische Weltsicht macht uns persönlich unglücklich; doch was noch schlimmer ist, sie macht es uns nahezu unmöglich, uns in die Lage eines anderen zu versetzen, und damit macht sie uns zu gesunden und stabilen Beziehungen praktisch unfähig.

In meiner Eheberatung erlebe ich die schlimmsten Auswirkungen der „Mein-Wille-geschehe-Lüge". In manchen Ehen ist das „Ich" so stark, daß ein „Wir" sich nie entwickeln kann. Solche Ehen kommen dann nicht darüber hinaus, daß zwei eigenwillige Egos in unterschiedliche Richtungen zerren.

Ich erinnere mich an Jon und Debbie, ein attraktives junges Paar, das ich beraten habe. Sie hatten sich als Studenten ineinander verliebt und waren unzertrennlich gewesen. Doch während ihrer Sitzungen bei mir saßen sie auf dem Sofa so weit auseinander wie möglich. Fünf Jahre waren sie verheiratet, und mit Ausnahme der ersten paar Monate war ihre ganze Ehe ein einziger Kampf zweier Willen gewesen.

„Ich habe den Eindruck, daß Debbie nie versteht, wie ich mich fühle", begann Jon in einer Sitzung.

„Mir geht es genauso mit dir", fiel Debbie ein. „Du bist immer so festgelegt auf das, was du willst, daß du nicht einmal bemerkst, was ich will."

„Das stimmt nicht. Ich tue ständig Dinge dir zuliebe", antwortete Jon.

„Aber nur solche Dinge, die dir nicht lästig sind", murmelte Debbie und zog sich noch weiter in die Ecke des Sofas zurück.

„Okay", sagte ich, „lassen wir das einen Augenblick. Wie empfinden Sie beide das Wort ‚wir'?"

Sie schauten mich beide an, als hätte ich den Verstand verloren.

„Was?" fragte Debbie schließlich.

„Das *Ich* ist in Ihrer Ehe stärker als das *Wir*, und das verursacht den Groll in Ihnen beiden. Denken Sie aus der *Ich*- oder aus der *Wir*-Perspektive?"

„Nun, ich denke, meistens aus der Ich-Perspektive", sagte Jon. Er neigte sich vor und zog die Augenbrauen mißtrauisch hoch.

„Es ist offensichtlich, daß Sie beide erheblich zu leiden haben“, sagte ich. „Selbst wenn einer von Ihnen seinen Willen bekommt, geschieht es auf Kosten des anderen, was sie wiederum beide leiden läßt.“

„Nun“, überlegte Jon und warf Debbie einen Blick zu, „bei bestimmten Dingen beiße ich mich so darin fest, mit Debbie zu streiten, daß ich gar nicht mehr merke, daß wir beide dabei den kürzeren ziehen.“

Dann berichtete Jon, sie hätten am Abend zuvor ins Kino gehen wollen. Natürlich wollten sie nicht beide in denselben Film, und keiner wollte nachgeben und den Film sehen, den der andere sich wünschte. Wessen Film, fragte Jon, hätten sie sich gemeinsam ansehen sollen? Der kindische Eigensinn in dieser Frage scheint lächerlich, aber wir alle kennen reife Ehepaare, die sich jeden Tag über solche Dinge streiten. Die „Mein-Wille-geschehe-Lüge“ führt zu einer Situation, in der man versucht, nach dem Motto „Entweder so, wie ich will, oder gar nicht“ die Kontrolle an sich zu reißen. Der opferbereite Sinn für das Wir spielt keine Rolle.

Während wir über einfaches Verhandeln sprachen, sagte Debbie jedoch etwas sehr Aufschlußreiches. „Das Alberne ist“, sagte sie, „daß ich gerne Dinge Jon zuliebe getan habe, bevor stets alles zu einem Riesenstreit auswuchs.“

„Aus dem Wir heraus zu denken bedeutet nicht, daß Sie so tun müssen, als spielten Ihre individuellen Gefühle keine Rolle“, erklärte ich. „Sie müssen nur hart daran arbeiten, daß sie nicht eine so große Rolle spielen, daß das Wir unnötig beschädigt wird und Sie nicht mehr bereit sind, irgend etwas einander zuliebe zu tun.“

„Aber was ist, wenn ich sittliche Kompromisse machen muß, um ihm nachzugeben?“ fragte Debbie. „Sehen Sie, Jon ist bereit, sich Filme mit Sexszenen anzusehen, aber ich nicht.“

„Das ist ein guter Punkt. Manchmal muß man auf Kosten der ehelichen Harmonie zu persönlichen ethischen Überzeugungen stehen. Doch im allgemeinen muß das Wir über dem

Ich stehen, wenn es um die Ehe geht. Mit ein wenig Übung wird sich der Unterschied bemerkbar machen." Und dieses Üben schlug ich ihnen vor.

Dann sah ich, wie Jon vor meinen Augen auf dem Sofa ein wenig näher an Debbie heranrückte und sagte: „Na ja, ich glaube, wir könnten schon versuchen, den Unterschied herauszufinden." Und was noch überraschender war, Debbie lächelte dazu.

Das gleiche gilt für jeden, ob verheiratet oder nicht. Mit etwas Übung können wir einen Film durchstehen, obwohl jemand direkt vor uns sitzt. Wir können einen Tag genießen, selbst wenn wir nicht die richtigen Sachen anhaben. Wir können sehen, daß die Welt nicht genau unseren Wünschen entspricht, und trotzdem zufrieden sein.

Das Leben hat die unangenehme Gewohnheit, uns immer wieder daran zu erinnern, daß wir es nicht vollständig beherrschen können – und wenn wir das nicht glauben, brauchen wir nur auf den nächsten Beweis zu warten. Wenn er kommt, haben wir zwei Möglichkeiten: Wir können jähzornig ein Blutgefäß platzen lassen und fordern, daß das Leben sich nach unseren Wünschen richtet, was es natürlich oft nicht tun wird. Oder wir können lernen, flexibel zu sein, das Leben so zu nehmen, wie es läuft, und zufrieden zu sein – wer auch immer seinen Willen bekommt.

„Jemand anders ist schuld."

„Du machst mich wahnsinnig, wenn du das tust!"

Einer der Leitgedanken dieses Buches ist, daß unsere Emotionen damit stehen und fallen, wie wir über die Ereignisse unseres Lebens denken. Die letzte Lüge besagte, daß ich meinen Willen bekommen müsse, um glücklich sein zu können. Die nächste Lüge führt diesen Gedanken einen ungesunden Schritt weiter. Sie erlaubt mir, die Schuld an all meinen emotionalen Ärgernissen allem, was gerade greifbar ist, in die Schuhe zu schieben. Sie zeigt mit dem Finger auf andere. Jede eigene Verantwortung wird abgewiesen.

Du machst mich wahnsinnig.

Stellen Sie sich vor, Sie stünden in einer sehr, sehr langen Schlange. Es geht nicht vorwärts. Sie werden von Minute zu Minute wütender, stampfen mit dem Fuß und schauen andauernd auf die Uhr. Die Frau vor Ihnen jedoch ist gelassen, ruhig und gleichmütig, als ob ihr eine Pause von all der Hetze und Eile Freude machte. Nun überlegen Sie: Ist es wirklich die lange Schlange, die mich ärgert, oder die Art, wie ich darüber zu denken beschließe? Wenn es das Ereignis ist, das Sie ärgert, warum empfindet die Frau vor Ihnen dann nicht genauso wie Sie?

Jetzt sagen Sie vielleicht: „Na gut, aber was ist mit gewissen Ereignissen, die bei den meisten Menschen tatsächlich zu den gleichen emotionalen Reaktionen führen, wie etwa dem Tod eines geliebten Menschen?" Auch hier ist es nicht das Ereignis, das die emotionale Reaktion bewirkt. Die betreffenden Menschen haben alle die gleiche Überzeugung – die Überzeugung, daß der Tod eine schlimme Sache ist –, und darum reagieren sie alle auf ähnliche Weise.

Doch selbst in diesem Fall kennen wir alle Beispiele, wo der Tod eines geliebten Menschen verschiedene Gefühle hervorrief. Nehmen wir zum Beispiel an, Großvater, ein Mann des Glaubens, hat monatelang schwer an einer todbringenden Krankheit gelitten. Die Christen in der Familie reagieren auf seinen Tod vielleicht mit Erleichterung und Ruhe, weil sie glauben, seine Leiden seien nun vorbei und er sei bei Gott, während die nichtgläubigen Mitglieder der Familie vielleicht mit der gleichen Erleichterung, aber ohne denselben Trost reagieren. Es ist für alle das gleiche Ereignis, aber jeder einzelne filtert seine Reaktion durch seine jeweilige innere Sicht des Ereignisses.

Natürlich durchdringt die Lüge „Jemand anders ist schuld" jeden Bereich unseres Lebens, jede Beziehung, jede Handlung. Die dreißigjährige Betty gründete einen Großteil ihres Lebens auf diese Lüge, ohne zu ahnen, was wirklich los war. Eines Tages erzählte sie mir von ihrer Schwester, die immer anrief und ihr buchstäblich Stunden ihrer Zeit stahl, indem sie ihr „von ihren Problemen vorjammerte“. Diese Anrufe und viele andere Dinge machte Betty für ihr ständiges Unglücklichsein verantwortlich. Als sie mit ihrer Geschichte fertig war, schlug ich ihr vor, ihrer Schwester zu sagen, wie sie sich fühlte. Betty sah mich überrascht an. „Das brächte ich nicht fertig. Es würde ihre Gefühle verletzen“, sagte sie. Wie es viele Patienten tun, wehrte sich Betty mit Händen und Füßen gegen einen Ratschlag, der ihr wirklich hätte helfen können.

„Und wenn ich Ihnen nun sage, daß nicht Ihre Schwester das Problem ist, sondern Sie selbst?“ entgegnete ich – und wartete.

Sie schaute mich noch überraschter an. „Ich verursache doch meine Probleme nicht selbst. Das tut *sie*, indem sie so rücksichtslos ist!“ rief sie aus.

„Es ist also der Fehler Ihrer Schwester, daß Sie wütend auf sie sind?“ fragte ich.

„Genau“, antwortete sie und lehnte sich in ihrem Sessel zurück. „Wie könnte das Problem bei mir liegen, wenn es doch ihre Anrufe sind, die mich wütend machen?“

„Ruft Ihre Schwester nur Sie alleine an?“

„Meine Güte, nein!“ sagte sie.

„Ist jemand von den anderen so wütend darüber wie Sie?“

Betty runzelte die Stirn. „Ich weiß nicht. Möglicherweise nicht. Mir ist nicht klar, worauf Sie hinauswollen“, antwortete sie, wobei sie sich ein wenig von mir abwandte.

„Nun, nehmen wir an, Sie rufen zehn Leute an, um sie um Spenden für einen wohltätigen Zweck zu bitten“, sagte ich. „Vier davon legen gleich auf, drei sagen Ihnen höflich, daß sie nichts spenden möchten, und drei geben gerne etwas. Alle zehn haben den gleichen Anruf von Ihnen erhalten, aber Sie bekommen drei unterschiedliche Reaktionen. Sind die unterschiedlichen Reaktionen Ihre Schuld?“

„Nein“, entgegnete sie. „Das könnte nicht meine Schuld sein, oder? Wie die Leute reagieren, hat mehr damit zu tun, was sie für Leute sind.“ Sie hielt inne und schaute mich aus den Augenwinkeln an. „Ich verstehe, was Sie sagen wollen. Es ist mein Problem, nicht ihres – ist es das?“

Als sie diese Wahrheit erfaßte, gab sich Betty selbst die Chance, der Opferrolle des „schau, was sie mir antut“ zu entkommen. Statt dessen bekam sie die Chance, zu erkennen, was sie sich selbst antat, und die Initiative zu ergreifen, indem sie ihrer Schwester sagte, wie sie sich fühlte.

„Menschen werden nicht durch Dinge betrübt, sondern durch die Art, wie sie sie betrachten“, sagte der antike Philosoph Epiktet. Leider sehen wir das Leben nicht so klar, wie wir sollten, wenn wir es durch eine Brille betrachten, die durch Lügen beschlagen ist. Der springende Punkt an Epiktets großartiger Aussage ist, daß das, was uns geschieht, nicht annähernd so wichtig ist wie die Art, wie wir darüber denken – wie wir es im Fall von Betty gesehen haben.

Nehmen wir an, Sie stehen in einem Laden und brauchen Beratung. Also bitten Sie den Verkäufer um Hilfe.

„Hören Sie, Sie Schwachkopf, sehen Sie nicht, daß dies nicht meine Abteilung ist?“ antwortet der Angestellte.

Nehmen wir weiter an, daß diese Antwort Sie sehr erzürnt und Sie zurückgeben: „Nennen Sie mich nicht Schwachkopf, Sie Trottel. Wie können Sie es wagen, mich so zu behandeln? Das kostet Sie Ihren Job!“

Was hat Ihre Reaktion verursacht? Die meisten Leute würden antworten, es sei zweifellos die Unverschämtheit des Verkäufers gewesen. Epiktet würde darauf hinweisen, daß die Art, wie der Angestellte Sie behandelte, nur ein auslösendes Ereignis gewesen ist, daß Sie an und für sich noch nicht wütend machen kann. Ihre Ansicht über das Verhalten des Angestellten ist es, was Sie wütend macht. Eigentlich haben Sie die Wahl.

Nun gut, das klingt vielleicht wie psychologisches Gerede, aber bedenken Sie, was diese Aussage von Epiktet beinhaltet: Wir können die Schuld für unsere Gefühle nicht den *Ereignissen* geben, weil unsere *Gefühle* durch unsere *Gedanken* verursacht werden.

Wie hätten Sie denn auf diesen Angestellten reagieren können? Betrachten Sie es einmal so: Weiß er aus Erfahrung, daß Sie ein Schwachkopf sind, und hat er also die Wahrheit gesagt? Oder ist es *sein* Problem, daß er wütend ist? Offenbar hat er es zugelassen, daß seine eigene Umgebung ihn wütend machte, und nun läßt er es an Ihnen aus, der Sie unschuldig dabeistehen. In diesem Moment haben Sie die Wahl, ob Sie zulassen wollen, daß sein Problem zu Ihrem Problem wird.

Die wesentliche Erkenntnis ist, daß wir unser emotionales Leben durch die Art formen, wie wir über das denken, was uns widerfährt. Wenn wir das nicht begreifen, handeln wir emotional unverantwortlich, indem wir die Verantwortung für unser Wohlergehen jedem kleinen Ereignis überlassen, das das Leben uns bringt. Wie wir reagieren, ist letzten Endes allein unsere Entscheidung.

Wie Sie Ihre Lügen überwinden können

Nun haben Sie einen Vorgeschmack von einigen der Lügen bekommen, die wir uns selbst erzählen, und davon, wie sie uns emotional verblüffend fest im Griff haben können – und außerdem haben Sie Beispiele dafür gesehen, wie man diese Lügen überwinden kann.

Hier und jeweils am Ende der nächsten vier Kapitel werden wir ausführlich erörtern, wie Sie gegen Ihre Lügen kämpfen können – und glauben Sie mir, es ist ein Kampf! Sie kämpfen darum, Ihr Leben zurückzubekommen und es von den Lügen zu befreien, die es als Geisel festhalten.

Doch bevor Sie irgend etwas gegen Ihre Lügen tun können, müssen Sie wissen, welche Lügen Sie glauben. Sie müssen sie klar erkennen und dann so gut wie möglich verstehen. An dieser Stelle möchte ich ansetzen.

Eine der besten Methoden, um die Lügen in Ihrem Leben zu identifizieren, stammt vom dem Psychologen Albert Ellis. Man nennt sie die „ABC-Methode“, und sie ist verlockend einfach. Sie brauchen dazu einen Stift, einen Notizblock als Tagebuch und ein wenig Selbstbeobachtung an Ort und Stelle:

- A steht für das Ereignis, das Ihnen widerfährt und eine Lüge auslöst. Es kann ein bedeutender oder unbedeutender Vorfall sein – von einer Verspätung bei einer Verabredung bis hin zu einer Entlassung aus der Firma.
- B steht für „Selbstgespräch“, für das, was Sie innerlich zu sich selbst über das Ereignis sagen. Ihr Selbstgespräch kann eine Lüge oder eine Wahrheit oder eine Mischung aus beidem sein.
- C steht für Ihre emotionale Reaktion auf dieses Selbstgespräch. Sie kann von Freude bis zu Verzweiflung alles umfassen.

Versuchen wir es.

A) *Das Ereignis:* Stellen Sie sich vor, Sie stehen an der Kasse im Supermarkt in der Schlange. Eine Frau vor Ihnen läßt sich gemütlich Zeit, hält ein Schwätzchen mit der Kassiererin, schimpft mit ihren Kindern, nimmt sich im letzten Moment noch Waren aus den nahegelegenen Regalen und braucht dann ewig, bis sie ihren Scheck ausgestellt hat. In Ihrem Tagebuch schreiben Sie diesen Vorfall genauso nieder, wie er sich zugetragen hat.

B) *Das Selbstgespräch:* Normalerweise werden Sie als nächstes Ihre emotionale Reaktion bemerken (Was empfinden Sie? Frustration? Ärger? Wut?). Das aber ist das C der ABC-Methode, und somit wurde hier nicht die richtige Reihenfolge eingehalten, wie sie leicht erkennen können. Ereignisse können keine Emotionen auslösen (A kann nicht zu C springen). Sie können nur unser Selbstgespräch auslösen (B). Ihr Selbstgespräch wahrzunehmen ist also der schwierigste Teil dieser Methode, aber hier liegt auch der Schlüssel.

Sie stehen also in der Schlange und beherrschen Ihre Frustration, Ihren Ärger und Ihre Wut, damit Sie das Selbstgespräch analysieren können, das Ihre Emotionen verursacht. Während sie zuschauen, wie die Frau umständlich mit ihren Schecks beschäftigt ist, können Sie denken: „Nun, was sage ich gerade zu mir selbst?" Dann beginnen Sie mit Ihrer Analyse. „Ich sage mir:

‚*Alles muß nach meinen Vorstellungen gehen, damit ich glücklich sein kann.* Das heißt, diese Schlange muß sich schneller vorwärtsbewegen, damit ich glücklich sein kann.'

‚*Ich und alle anderen sollten vollkommen sein.* Das heißt, diese Frau sollte ihren Kram zusammenhaben, bevor sie sich in die Schlange stellt. Sie ist unvollkommen, und das ist unentschuldbar.'

‚*Mein Unglücklichsein ist von außen verursacht.* Das heißt, was mich wütend macht, ist, daß diese Person so lange braucht.'"

Verstehen Sie das Prinzip? Wenn Sie dieses Selbstgespräch in Ihrem Tagebuch niederschreiben, dann vergessen Sie nicht: ihr Selbstgespräch wird bei beinahe jeder Begegnung eine der Lügen enthalten, über die wir in diesem Buch sprechen, oder eine Variation davon. Formulieren Sie in Ihrem ABC-Tagebuch stets so konkret wie möglich die exakte Lüge, die Sie sich selbst erzählen.

C) *Die emotionale Reaktion:* Wie ist Ihre spontane emotionale Reaktion? Ist es Frustration, Ärger, dann Wut? Was immer es ist, schreiben Sie es in Ihrem Tagebuch auf. Vielleicht fahren Sie sogar die Kassiererin ein wenig an, wenn Sie endlich an der Reihe sind, oder?

Hinterher, wenn Sie aus der Schlange heraus sind, Ihre Tüte mit Lebensmitteln genommen haben und zu Ihrem Auto gegangen sind, nehmen Sie sich einen Moment Zeit, den ganzen Vorfall von A bis C in Ihrem ABC-Tagebuch aufzuschreiben, oder behalten Sie ihn lebhaft im Gedächtnis, bis Sie Gelegenheit haben, ihn zu Papier zu bringen. Analysieren Sie Ihr Selbstgespräch ein wenig. Was empfanden Sie in der Schlange, als Ihnen bewußt wurde, was Ihre Emotionen verursachte? Fühlten Sie sich besser? Schreiben Sie das auf. Vielleicht sind Sie in der Schlange frustriert oder ärgerlich geblieben oder zunehmend wütend geworden, obwohl Sie sich Ihres Selbstgesprächs bewußt wurden. Wenn sich Ihre Emotionen nicht veränderten, schreiben Sie das auf. Wenn Sie auf einmal nicht nur wegen der Frau frustriert und auf sie ärgerlich und wütend waren, sondern auch im Blick auf sich selbst, dann schreiben Sie das auf. Wenn Sie sich nach dreißig Minuten immer noch ärgern, halten Sie auch das fest.

Normalerweise lasse ich meine Patienten mindestens zwei Wochen ein ABC-Tagebuch führen, bevor wir weitere Aufgaben in Angriff nehmen. Versuchen Sie es. Ich glaube, die Einsichten, die Sie über die Art und Weise gewinnen, wie Sie dem Leben begegnen, werden Sie überraschen. Sie werden allmählich feststellen, daß einige Lügen immer wieder auftauchen. Zum Beispiel werden Sie vielleicht bemerken, daß Sie ständig Lügen wie „Ich brauche die Anerkennung aller" oder „Ich/Jeder muß vollkommen sein" wiederholen. Mit dieser Erkenntnis können Sie etwas anfangen. Seien Sie nicht überrascht, wenn Ihre Selbstanalyse nicht sofort Ihre Haltung verändert. Das wird später kommen.

Doch das wichtigste ist, daß das Führen eines ABC-Tagebuchs Sie klarer erkennen läßt, welche Lügen Ihr Leben unnötig belasten. Diese neuentdeckte Fähigkeit werden wir den Techniken hinzufügen, die noch folgen.

Werfen wir als nächstes einen Blick auf die große Gruppe der Lügen, die wir von der Welt lernen, in der wir leben, und auf die Wahrheit, die wir über diese Lügen kennen müssen.

Weltliche Lügen

Wir müssen sehen, daß die Wahrheit ihrem Wesen nach in Konflikt mit dieser Welt steht; die Welt ist nie so gut gewesen und wird nie so gut sein, daß die Mehrheit die Wahrheit ersehnte.
Sören Kierkegaard

„Genieße das Leben, so sehr du kannst!"

„Das Beste ist gerade gut genug!"

„Tu, was du willst!"

Werbung, Fernsehsendungen, Filme, Illustrierte, ja selbst Bücher rufen uns täglich – wo wir auch gehen und stehen – solche Botschaften zu. Und mit kindlicher Treuherzigkeit hören und glauben wir sie. Wir suchen nach der Wahrheit in Form eines Merkverses.

Teilweise mag unsere Bereitschaft, diese Botschaften zu glauben, unserem Wunschdenken entspringen. Wäre es nicht schön, wenn sie wahr wären? Zum Teil ist es vielleicht auch das Kind in uns, das gerne glauben möchte, niemand würde uns etwas erzählen, wenn es nicht wahr wäre. Was immer der Grund ist – viele von uns machen sich selten die Mühe, die Gültigkeit der Botschaften, die uns umflattern, zu überprüfen.

Doch wie vertrauenswürdig sind diese Botschaften? Viele, wenn nicht die meisten, sind geradezu gefährlich. Doch wir werden von diesen Lügen Minute für Minute und Tag für Tag so überspült, daß sie uns nicht nur als harmlos, sondern auch als wahr erscheinen.

Natürlich sind die meisten Botschaften nicht wahr – und je mehr wir auf sie hören und an sie glauben, desto mehr unnötiges emotionales Leid schaffen wir uns selbst. Werfen wir einen Blick auf die am weitesten verbreiteten und gefährlichsten dieser weltlichen Lügen.

„Du kannst alles haben."

„Wer sagt, daß Du nicht alles haben kannst?" In den USA stellt eine bekannte Bierwerbung diese Frage. Es klingt, als würde ein Kind jemanden herausfordern, ihm die furchtbare Wahrheit mitzuteilen: „Wer sagt, daß ich nicht alles haben kann?"

Das *Leben* sagt, daß Sie das nicht können. Ein Sprichwort lautet: „Wenn du deinen Kuchen behalten willst, kannst du ihn nicht essen." *Das* ist eine Wahrheit, an der man sich orientieren kann.

Auch wenn Sie dieses Sprichwort schon oft gehört haben mögen, Hand aufs Herz: Glauben Sie nicht immer noch, daß Sie alles haben können?

Wenn Sie so sind wie die meisten Leute heutzutage, dann nicken Sie jetzt zustimmend. Wir glauben, daß wir es können, und nicht nur das; wir glauben auch, daß wir alles haben *sollten.* Warum? Weil wir uns umschauen und andere Menschen sehen, deren Leben von all dem Kampf und Leid unseres Lebens frei zu sein scheint. Sie sind finanziell gesichert, intelligent, attraktiv oder alles zusammen, und wir meinen, wenn wir nur die richtigen Chancen bekommen, könnten wir alles haben – so wie es bei ihnen offensichtlich der Fall ist.

Jim ist einer von „denen". Er ist ein äußerst erfolgreicher Geschäftsmann, und allem Anschein nach hat er den „amerikanischen Traum" verwirklicht. Er fährt einen Mercedes, trägt eine Rolex-Armbanduhr und gehört nicht einem, sondern drei exklusiven Clubs an. Seine Frau ist attraktiv und intelligent, sie haben drei großartige Kinder, und alle zusammen machen Urlaub in exotischen Ländern, wann immer sie wollen. Darüber hinaus ist er bekannt und beliebt, so daß sein Leben geradezu märchenhafte Züge trägt. Jim ist ein millionenschwerer Mann. Dennoch ist er in Wirklichkeit einer der unglücklichsten Patienten, die ich je hatte.

„Ich habe immer geglaubt, wenn ich erst ein solches Leben erreicht hätte, wäre ich glücklich", sagte er, als er zum ersten

Mal in die Sprechstunde kam. Zusammengesunken saß er vor mir im Sessel. „Ich weiß, daß es verrückt klingt, aber all die Dinge, die ich habe, machen mich nicht glücklich. Sie sind mir geradezu zu einer Last geworden."

„Zu einer Last?" fragte ich. „Wie kommt das?"

„Wir haben mehr Schulden als je zuvor. Alles, was wir besitzen, ist einfach eine Sache mehr, um die wir uns kümmern müssen. Und – ich weiß nicht – irgendwie scheinen wir immer mehr zu wollen, je mehr wir bekommen, verstehen Sie?" Er spielte mit dem Diamantring am kleinen Finger.

„Zum Beispiel?"

„Im Moment wohnen wir in einem teuren Haus, aber wir haben ein Auge auf ein noch teureres geworfen. Es liegt in einer angenehmeren Gegend und so. Meine Frau möchte wirklich gerne umziehen. Aber ich muß zugeben, daß die Hypothek mich ziemlich unter Druck setzen würde."

„Und dieser Druck würde Ihnen nicht gefallen."

„Nun, ich arbeite eigentlich immer unter einem gewissen Druck, aber dies wäre mehr als je zuvor." Er fuhr sich mit der Hand durch seinen grauen Haarschopf, der ihm ein gediegenes Aussehen verlieh. „Doch wenn wir nicht umziehen, wird meine Frau sehr enttäuscht sein."

„Sie drängt Sie?"

„Ja … aber auch ich möchte gerne dorthin umziehen."

„Es macht Sie also nicht besonders glücklich, mit den ‚Meiers von nebenan' Schritt zu halten", fügte ich hinzu.

„Es ist mir peinlich, das zuzugeben, aber so ist es", sagte er, blickte zu Boden und dann wieder zu mir auf. „Klingt habgierig, nicht wahr? Ich meine, das mit dem ‚Alles-haben-Wollen' hört niemals auf. Wir verweigern uns selbst nie etwas, aber dadurch scheint sich nicht viel zu ändern. Außer daß ich immer unglücklicher werde."

Wollen Sie die Wahrheit wissen? Die Wahrheit ist, daß ich noch *nie* einen Menschen getroffen habe, der alles hatte. Niemals! Denken Sie an die betreffende Person, von der Sie glauben, sie hätte alles. Die Chancen stehen gut – sehr gut –, daß Sie ein Leben voller schmerzlicher Lücken vorfinden würden, wenn Sie die Oberfläche des Lebens dieser Person ankratzten.

Die beste Fallstudie für diese Lüge findet sich in der Bibel – der große König Salomo. Dem biblischen Bericht zufolge war Salomo der John D. Rockefeller, Albert Einstein und Hugh Hefner seiner Zeit in einer Person. Er war damals der reichste und der weiseste Mann auf der Erde, und er versagte sich keine Freude.

„Ich tat große Dinge: ich baute mir Häuser, ich pflanzte mir Weinberge, ich machte mir Gärten und Lustgärten und pflanzte allerlei fruchtbare Bäume hinein; ich machte mir Teiche, daraus zu bewässern den Wald der grünenden Bäume. Ich erwarb mir Knechte und Mägde und hatte auch Gesinde, im Hause geboren; ich hatte eine größere Habe an Rindern und Schafen als alle, die vor mir zu Jerusalem waren. Ich sammelte mir auch Silber und Gold und was Könige und Länder besitzen; ich beschaffte mir Sänger und Sängerinnen und die Wonne der Menschen, Frauen in Menge, und war größer als alle, die vor mir zu Jerusalem waren. Auch da blieb meine Weisheit bei mir. Und alles, was meine Augen wünschten, das gab ich ihnen und verwehrte meinem Herzen keine Freude“ (Prediger 2,4-10).

Nun, ich weiß nicht, wie Sie darüber denken – aber für mich bedeutet das, alles zu haben. Man sollte meinen, daß Salomo völlig zufrieden gewesen sei. Doch schauen Sie sich einige seiner Schlußfolgerungen an:

- „Die Fülle läßt den Reichen nicht schlafen“ (Prediger 5,11).
- „Wer Geld liebt, wird vom Geld niemals satt“ (Prediger 5,9).
- „Ich sah an alles Tun, das unter der Sonne geschieht, und siehe, es war alles eitel und Haschen nach Wind“ (Prediger 1,14).

Bei seinen Bemühungen, alles zu haben, entging ihm das eine, das alles vervollständigt – Glück. Das Endergebnis der Lüge „Du kannst alles haben" ist Unzufriedenheit mit dem, was man hat, und eitles „Haschen nach Wind". Viele von uns leben nach der Devise „Das Gras auf der anderen Seite des Zaunes ist immer grüner" – und wir geben uns alle Mühe, auf diese andere Seite zu gelangen. Doch diejenigen, die es schaffen hinüberzukommen, stellen oft fest, daß ihre Erwartungen der Wirklichkeit nicht entsprechen.

Die Sache ist einfach die: Es gibt keine Seite des Zaunes, wo wir endlich alles hätten und wo die unaufhörliche Sehnsucht nach grünerem Gras endlich schwiege. Wenn wir auch glaubten, daß wir alles haben können und sollten, werden wir es dennoch nie erreichen. Diese Haltung an sich verurteilt uns dazu, daß uns alles, was wir auch bekommen mögen, nicht genug sein wird. Je mehr wir erwarten, desto mehr ist erforderlich, um uns zufriedenzustellen.

Paulus zeigte die richtige Haltung in seinen Worten an Timotheus: „Denn wir haben nichts in die Welt gebracht; darum werden wir auch nichts hinausbringen. Wenn wir aber Nahrung und Kleider haben, so wollen wir uns daran genügen lassen" (1. Timotheus 6,7-8). Isaak Bickerstaffe, ein Mann aus einem früheren Jahrhundert, drückte es so aus: „Wenn ich mit wenigem zufrieden bin, dann ist genug so gut wie ein Festmahl." Das ist eine tiefe Wahrheit.

Meine Frau Holly und ich sind nicht anders als die meisten anderen Paare. Als ich Dozent am College war, lebten wir in einer Wohnung, und wir träumten von dem Tag, an dem wir unser eigenes Haus haben würden. Wir waren beide sicher, daß wir zufrieden sein würden, wenn wir je unser eigenes Haus hätten – wie groß oder klein dieses Haus auch immer sein mochte. Nun, inzwischen haben wir ein eigenes Haus, und zuerst waren wir völlig zufrieden. Dann fiel uns auf, wieviel schöner und größer die Häuser anderer Leute waren. Wir fingen an zu bemerken, daß es in unserer Gegend größere und angenehmere Wohnlagen gab, und gestanden sogar einander ein, daß wir uns durchaus vorstellen könnten, uns zu „verbessern". Doch heute frage ich mich: Wenn wir tatsächlich in eines dieser schöneren Häuser gezogen wären, hätten wir dann nicht schon allzu bald angefangen, uns etwas noch Schöneres zu wünschen, ganz so wie Jim? Wahrscheinlich. Ich glaube, daß das Bedürfnis nach immer mehr unersättlich ist.

Zu viele meiner Patienten sind materiell reich gesegnet und dennoch bitter, weil sie nicht noch mehr haben. So sind wir Menschen. Ich wünschte, ich könnte sagen, daß wir in den hochentwickelten Ländern mit wenigem zufrieden sind, aber die Wahrheit ist, daß wir ein Festmahl verlangen und auch *erwarten.* Das Schritthalten mit den Meiers von nebenan ist nicht so sehr eine Einstellung als vielmehr ein Schicksal.

Doch die Lüge, wir könnten alles haben, ist ein unerfüllbarer, ungesunder Traum, der den Rest unseres Lebens verdirbt – er läßt uns für die Zukunft leben anstatt die Gegenwart genießen. Nur sehr wenige von uns sind dagegen immun, aber wir alle haben die Wahl, ob wir mit dieser Lüge leben wollen.

„Du bist nur so viel wert wie deine Leistung."

„Ich habe seit Monaten keinen Vertrag mehr abgeschlossen", sagte Ted, von Beruf Immobilienmakler. In seinem Leben war alles wie am Schnürchen gelaufen, bis sich in seiner Gegend die Lage auf dem Immobilienmarkt zusehends verschlechterte. Er kam zu mir, weil er depressiv war und seine Depressionen nicht abschütteln konnte.

„Wir greifen ständig auf unsere Ersparnisse zurück, um über die Runden zu kommen. Das kann nicht ewig so weitergehen", klagte er. Er saß über seine Knie gebeugt da und massierte sich die Schläfen.

„Was empfinden Sie dabei?"

Er hielt inne und richtete sich gerade auf. „Es ist furchtbar für mich. Ich bin noch nie so deprimiert gewesen. Ich bin normalerweise ein optimistischer Typ. So etwas ist mir noch nie passiert“, rief er aus.

„Wie haben Sie sich gefühlt, bevor der Immobilienmarkt sich verschlechterte?“ fragte ich.

Er lehnte sich zurück. „Oh, ich fühlte mich großartig!“

„Wollen Sie damit sagen, daß Ihr Selbstwertgefühl mit der Marktlage auf und ab ging?“ fragte ich ihn geradeheraus.

„Nun ... ich nehme an, so könnte man es ausdrücken.“

„Gut, verfolgen wir diesen Gedanken. Sie fühlen sich wohl in Ihrer Haut, wenn alles glatt läuft. Bedeutet das, daß Sie nur soviel wert sind wie Ihre Leistung?“

„Nun, ganz so würde ich es nicht gerne betrachten ...“, zögerte er.

„Ist es wahr?“

„Ja, vielleicht“, murmelte er. „Ich meine, ich weiß, daß ich mich selbst viel lieber mag, wenn die Dinge gut laufen.“

Unsere Kultur ist wie besessen von Leistung. Wir wollen wissen, wie viele Artikel ein Vertreter verkauft hat, wie gute Noten ein Schüler erreicht, wieviel Geld ein Arbeiter verdient, wie viele akademische Grade ein Bewerber hat, und so weiter. Irgendwie sind das die Kennzeichen eines erfolgreichen Menschen. Irgendwie haben wir Charakter und Glaubwürdigkeit mit Äußerlichkeiten durcheinandergebracht – wenn der Vertreter zum Beispiel eine Million Artikel verkauft hat, muß er ein großartiger Mann sein. Wenn auch diese Einstellung vielleicht ein unvermeidlicher Bestandteil unseres konkurrierenden Lebensstils ist, so ruft sie doch in vielen von uns das Gefühl hervor, nur so gut zu sein wie unsere letzte „Leistung“.

Vielleicht haben Sie von Kathy Ormsby gehört. Es geschah 1986 in Indianapolis (Indiana), am Austragungsort der nationalen Leichathletik-Meisterschaften. Kathy war Medizinstudentin und gefeierte Läuferin an der Staatlichen Universität von North Carolina. Außerdem hielt sie den

College-Rekord im Zehntausend-Meter-Lauf der Frauen. Während des Meisterschaftslaufes passierte etwas Schreckliches. Kathy fiel zurück und konnte offenbar nicht zu der Läuferin an der Spitze aufholen. Mit einem plötzlichen Schwenk rannte sie von der Bahn und aus dem Stadion hinaus zu einer nahegelegenen Brücke, von der sie sich herabstürzte. Durch den zwölf Meter tiefen Sturz zog sie sich eine unheilbare Lähmung von der Hüfte abwärts zu.

Da ich Kathy nicht persönlich kenne, kann ich nur vermuten, daß ihr eigener Perfektionismus und ihre Tendenz, ihren Wert mit ihrer Leistung gleichzusetzen, einen inneren Druck verursachte, mit dem sie nicht fertig wurde – und so wurde all ihre Begabung und ihr Können durch Lügen zu Fall gebracht.

Viele dieser gehetzten Leute kommen bis an die Schwelle des Selbstmordes, wenn sie durch ihre Neigung, Wert mit Leistung gleichzusetzen, Gefühlen des Versagens und des Selbsthasses ausgesetzt werden.

Wie die meisten Lügen hat natürlich auch diese ein Körnchen Wahrheit an sich. Unsere Leistungen im Leben sagen durchaus *etwas* über uns aus. Doch sie sind niemals eine vollständige Antwort auf die Frage, wer wir sind. Wenn ein Schüler in einem Zeugnis eine Eins oder eine Sechs bekommt, heißt das nicht, daß er eine Person erster oder sechster Klasse wäre, doch genau so werden Noten von Schülern, Eltern und oft auch Lehrern mißverstanden. Das Einkommen eines Menschen ist niemals eine Aussage über seinen Wert als menschliches Wesen, doch in unserer Gesellschaft lautet die Botschaft nur zu oft: „Du bist nur dann ein wertvoller Mensch, wenn du die Erfolgsleiter hinaufsteigst, in einem großen Haus in einem Vorort wohnst, ein teures Auto fährst, eine goldfarbene Kreditkarte besitzt, nur Designer-Anzüge trägst ..." Sie können die Liste beliebig fortsetzen. Doch nichts, gar nichts könnte weiter von der Wahrheit entfernt sein!

Diese Lüge ist hart zu knacken. Der praktische Teil am

Ende des Kapitels wird dabei helfen. Im Augenblick lassen Sie uns jedoch auf Teds Gedankengang im weiteren Verlauf unserer Sitzung zu sprechen kommen.

„Ich weiß, es klingt ein bißchen albern, daß ich mich selbst lieber mag, wenn ich meine Arbeit gut mache", sagte Ted achselzuckend. „Aber ich stecke soviel von mir selbst hinein. Und als ich an der Spitze stand, hat mir jeder gesagt, was für ein Gewinner ich sei. Es ist doch ganz natürlich, daß man sich selbst dann lieber mag!"

„In diesem Licht betrachtet, ist es vielleicht ganz gut für Sie, daß der Immobilienmarkt sich verschlechtert hat", deutete ich meine Gedanken an.

„Hoppla", sagte er und hob die Hände. „Jetzt machen Sie aber mal einen Punkt! Wie könnte das gut für mich sein?"

„Nun, es verschafft Ihnen vielleicht die Chance, zu erkennen, daß Sie Ihre Selbstannahme darauf gründen, wieviel Sie leisten und was Sie tun – nicht darauf, wer Sie sind."

„Na ja, aber wer bin ich denn ohne das, was ich tue?" fragte er mit leiser Stimme.

„Nun, Sie könnten Ihre Selbstachtung auf eine stabilere Grundlage stellen", schlug ich vor.

„Zum Beispiel?" fragte er.

„Diese Frage müssen *Sie* beantworten", sagte ich und wartete ab.

Ted starrte mich einen Moment lang an, scharrte mit den Füßen und sagte dann: „Ich glaube, das ist ein Punkt, an dem wir weiterreden müssen."

Was also sollte die Grundlage der Selbstachtung sein? Ich glaube, sie sollte darauf beruhen, wer uns geschaffen hat – nicht auf dem, was wir tun. Wir müssen uns selbst in der „vertikalen", nach „oben" gerichteten Dimension betrachten – begreifen, wer wir in Gottes Augen sind –, nicht in der „horizontalen" Dimension, in der wir allein diese Welt im Blick haben und alles tun, was in unserer Macht steht, um andere durch unsere Leistungen oder unseren Erfolg zu beeindrucken. Wie sieht uns Gott, der Schöpfer, an? „Wenig niedriger ... als Gott" und „mit Ehre und Herrlichkeit ... gekrönt" (Psalm 8,6). Wir sind „wunderbar gemacht" und wertvoll genug, um durch das Blut seines Sohnes erkauft zu werden (Psalm 139,14; 1. Korinther 6,20).

Gott schreibt uns einen großen Wert zu, weil er uns nach seinem Bild erschaffen hat. Das ist wahrhaftig eine Grundlage für Selbstachtung. Es ist jedoch schwieriger, nach dieser Wahrheit zu leben, als sie nur zu glauben. Wie sollen wir zu einer gesunden Selbstachtung kommen in einer Welt, die sich mehr dafür interessiert, was wir tun, als dafür, wer wir sind? Andere haben den Weg Salomos eingeschlagen und streben in ihrem Bemühen, ein gutes Bild von sich selbst zu gewinnen, nach Leistung, Macht, Erfolg, materiellem Besitz und sexuellen Eroberungen. Was sie dabei finden, ist jedoch normalerweise das gleiche Gefühl der Sinnlosigkeit, das auch Salomo empfand. Nur indem wir diese Lüge und die mühevollen Anstrengungen, die sie mit sich bringt, meiden, können wir uns davor bewahren, denselben traurigen Weg zu gehen.

Wer sind Sie ohne das, was Sie tun? Wir alle müssen uns im Grunde die gleiche Frage stellen, wenn wir je eine solide Grundlage dafür finden wollen, unseren eigenen, angeborenen Wert zu begreifen. Dann müssen wir daran arbeiten, uns eine tragfähige Antwort darauf zu geben.

„Das Leben sollte leicht sein."

Geschirrspülmaschinen, Servolenkung, Garagentüröffner – sehen wir den Tatsachen ins Gesicht: wir zählen zu den Völkern der Erde, die die meisten Gerätschaften haben, um sich das Leben leichter zu machen. Sobald wir sie besitzen, sind wir überzeugt davon, daß wir ohne sie überhaupt nicht mehr leben könnten.

Nun, zugegeben, es scheint nichts Falsches daran zu sein, das Leben so problemlos wie möglich zu gestalten. Es erscheint durchaus vernünftig, Wege zu erfinden, die uns das Dasein leichter machen. Problematisch ist nur, daß diese Einstellung oft in eine Haltung umschlägt, die *verlangt,* daß das Leben in all seiner herrlichen Komplexität leicht sein solle.

Wenn wir so denken, dann ergeben wir uns dem Lustprinzip – jener grundlegenden Neigung eines jeden von uns, nach so wenig Schmerz wie möglich und größter Lust zu streben. Diese Neigung steht oft im Widerspruch zur Realität – der Wahrheit über das Leben, wie es wirklich ist.

Wir kennen alle dieses Gefühl. Wie sollte es auch anders sein, wenn wir doch täglich in der Fernsehwerbung „Beweise" dafür erleben, daß erfolgreiche Menschen im Handumdrehen mit ihren Problemen fertig werden? Die Lüge besagt, daß Otto Normalverbraucher, wenn ein von ihm gebuchter Flug gestrichen wird, lässig seine goldene Kreditkarte hervorzieht, zum nächsten Schalter hinüberschlendert und kurzerhand einen anderen Flug nimmt. In Wirklichkeit freilich würde Otto Normalverbraucher die Nacht wahrscheinlich auf dem Flughafen verbringen müssen.

Die Welt versucht uns weiszumachen, daß wir um so weniger Probleme hätten, je erfolgreicher wir seien. Das gute Leben ist das leichte Leben, und wenn unser Leben nicht leicht ist, dann machen wir unsere Sache offensichtlich nicht gut. Wir erzählen uns diese Lüge so laut und wollen sie so dringend glauben, daß wir nur noch mit erleichterter Zustimmung nicken, wenn die Welt in diesen Chor mit einstimmt, und sind überzeugt, daß diese Lüge die Wahrheit sein muß.

Aber das Leben *ist* nicht leicht, gleichgültig, wie viele goldene Kreditkarten und Türöffner wir haben. Die allerersten Worte des Buches *The Road Less Traveled* („Der Weg, der nicht so oft begangen wird") sind eine kostbare Weisheit: „Das Leben ist schwierig. ... Wenn wir erst einmal wahrhaftig erkennen, daß das Leben schwierig ist – wenn wir das erst einmal wirklich verstehen und akzeptieren –, dann ist das

Leben nicht mehr schwierig."[1] Das ist eine der zeitlosen großen Wahrheiten des Lebens.

Erinnern Sie sich noch an Susan, von der zu Beginn des zweiten Kapitels die Rede war? Susan war davon überzeugt, daß das Leben für jeden Menschen außer ihr selbst leicht sei. Warum hatte sie einen so jämmerlichen Ehemann? klagte sie. Warum hatte sie nicht den Job bekommen, den sie haben wollte? Warum ging ihre Windschutzscheibe kaputt? Sie war überzeugt davon, die einzige Person auf der Welt zu sein, die es schwer hatte. Und was war die Folge dieser Einstellung? Bitterkeit. Das ist die Reaktion, die ich bei den Patienten, die mit dieser Lüge leben, am häufigsten beobachte.

Auch Christen nehmen die Lüge vom leichten Leben häufig mit offenen Armen auf, und sie sind letzten Endes am anfälligsten für zukünftige Bitterkeit. Viele glauben, ein wahrer Christ müsse ein sorgloses, rosiges Leben haben. Wenn das nicht der Fall ist, fragen sie sich, ob ihr Glaube wirklich echt sei. Christus gab seinen Jüngern kurz vor seiner Kreuzigung besonderen Trost und Hilfe, um mit dem fertig zu werden, was kommen würde – und gleichzeitig warnte er sie, daß die Dinge alles andere als leicht für sie werden würden. „In der Welt habt ihr Angst, aber seid getrost, ich habe die Welt überwunden" (Johannes 16,33). Wegen unserer Lüge vom leichten Leben neigen wir dazu, nur den Trost, nicht aber die Warnung zu hören.

Ich glaube, eine der besten Verheißungen, die das Christentum zu bieten hat, ist, daß „denen, die Gott lieben, alle Dinge zum Besten dienen, denen, die nach seinem Ratschluß berufen sind" (Römer 8,28). Das müssen wir verstehen, wenn wir uns mit der Lüge vom „rosigen Leben" auseinandersetzen. Gott verheißt nicht, daß es keine Mißgeschicke oder Probleme in unserem Leben geben werde. Er verheißt, daß aus dem Schlechten Gutes werden kann – wenn auch nur mit Kampf und Schwierigkeiten, bis es zu diesem guten Ende kommt.

Echtes christliches Leben erfordert große Opfer, die weh

tun. Das Christsein erfordert eindeutig einen Lebensstil, der sich dem Schmerz stellt; und das ist vermutlich einer der Hauptgründe, warum so viele Leute es entweder ganz meiden oder sich nur begrenzt darauf einlassen, wenn sie einmal die Wahrheit erkannt haben. In diesem Zusammenhang finde ich die folgenden Bemerkungen von Wilbur Rees sehr treffend: „Ich möchte für drei Mark Gott kaufen, bitte. Bitte nicht so viel, daß meine Seele explodiert oder mein Schlaf gestört wird, aber gerade genug, daß es einer Tasse warmer Milch oder einem Nickerchen im Sonnenschein entspricht. ... Ich will Ekstase, nicht Veränderung, ich will die Wärme des Schoßes, keine neue Geburt."[2]

Das Leben ist nicht leicht. Das Leben ist schwer. Um frei von Bitterkeit und Verwirrung leben zu können, ist es entscheidend, daß wir bereit sind, uns den Problemen zu stellen und die Wahrheit zu akzeptieren, daß das Leben mit Problemen übersät ist. In einer Hinsicht hatte Susan recht. Manche Leute haben es tatsächlich besser als sie. Doch manche Leute – viele Leute – haben es auch schlechter.

Kürzlich erschien Susan zu unserer Sitzung mit einem Lächeln auf dem Gesicht. Sie ließ sich auf den Sessel fallen und sagte: „Dr. Thurman, ich hatte gestern einen Unfall."

„Wirklich?" fragte ich. „Sind Sie unverletzt geblieben?"

„O ja", antwortete sie, „ich bin in Ordnung. Es war nur ein Blechschaden am Kotflügel; aber wissen Sie, die Frau aus dem anderen Wagen kam herausgesprungen und schrie: ‚Warum passiert so etwas immer mir! Ich halte das nicht mehr aus!' Sie jammerte immer weiter, und während ich dastand und sie beobachtete, vergaß ich für einen Moment völlig meinen verbeulten Kotflügel. Ich hatte nur noch Augen für diese Frau. Sie war wie eine Doppelgängerin! Ich begriff plötzlich, daß alle anderen Menschen ebenso empfinden wie ich. Und was noch besser ist – daß ich wählen kann, wie ich auf solche Dinge reagieren will. Das kann ich wirklich!"

Susans emotionales Wohlbefinden hing davon ab, ob es ihr gelingen würde, die Lüge, das Leben müssen einfach sein, durch die Wahrheit zu ersetzen, daß das Leben schwierig ist. Angesichts ihres wachsenden Bewußtseins dafür kann ich zu meiner Freude sagen, daß es ihr gelungen ist und daß sich viel von ihrem Zorn und ihrer Bitterkeit aufgelöst hat. Die alte „Lügenkassette“ wird zwar immer noch gelegentlich abgespielt, aber die neue „Wahrheitskassette“ erklingt lauter und stärker. Susans emotionaler Zustand hat sich deutlich verbessert.

„Das Leben sollte fair sein.“

„He, das ist nicht fair. Dein Stück ist größer als meins. Mama!!“

„Chris, teile mit deinem Bruder. Sei fair!“

Die Fairneß wird uns schon auf dem Schulhof, im Klassenzimmer und, sofern wir mit Brüdern und Schwestern aufgewachsen sind, besonders zu Hause beigebracht. Im Rückblick jedoch stellt sich heraus, daß diese Erziehung, bei der alles so fair wie möglich zugehen soll, ihre schlechten wie ihre guten Seiten hat. Gut war sie insofern, als sie unseren Charakter formte und uns zeigte, daß wir unseren Eltern alle gleich wichtig waren. Doch das Schlechte daran war, daß sie uns möglicherweise zu der Auffassung verleitete, das Leben sei immer fair – was es ganz sicher nicht ist. Es ist nur halb scherzhaft gemeint, wenn ich sage, ich wünschte, meine Mutter hätte meinen Brüdern und mir gelegentlich unterschiedlich große Stücke Kuchen gegeben und uns erklärt: „Hört mal, wir haben euch alle gleich lieb, aber das Leben ist manchmal nicht fair, und wir möchten, daß ihr das frühzeitig lernt.“

Die Lüge vom fairen Leben ist ein Ableger der Lüge vom leichten Leben, und sie ist ebenso verbreitet und wirksam. Sie entspringt einem Wunschdenken und hat zerstörerische Auswirkungen. Ein junger Mann wird von einem betrunkenen Fahrer getötet. Ein weniger qualifizierter Bewerber bekommt den Job. Der Spitzenläufer wird von einem anderen Läufer umgerempelt und verliert die olympische Goldmedaille. Unsere Reaktion ist: „Das ist nicht fair“ – als ob wir damit etwas ändern könnten. Salomo hatte schon vor Tausenden von Jahren die Unfairneß des Lebens begriffen, als er schrieb: „Es ist eitel, was auf Erden geschieht: es gibt Gerechte, denen geht es, als hätten sie Werke der Gottlosen getan, und es gibt Gottlose, denen geht es, als hätten sie Werke der Gerechten getan. Ich sprach: das ist auch eitel“ (Prediger 8,14).

Vor einigen Jahren erlitt der Vater eines meiner Freunde einen Herzanfall und konnte daraufhin eine Zeitlang seine Apotheke nicht mehr leiten. Deshalb stellte er einen jungen Apotheker ein, der das Geschäft führen sollte, bis er zurückkäme. Der junge Apotheker wurde erwischt, nachdem er Medikamente und Geld im Wert von 40 000 Dollar unterschlagen hatte, um seine Drogenabhängigkeit zu finanzieren. Als ob das für den Vater meines Freundes nicht schon schlimm genug gewesen wäre, brach in der Apotheke auf geheimnisvolle Weise ein Feuer aus, gleich nachdem der junge Apotheker gegen Kaution freigelassen worden war. Da sich nichts beweisen ließ, bezahlte die Versicherung die Renovierung, und das Geschäft konnte sechs Monate später wieder eröffnet werden. Einen Monat darauf brannte es erneut ab. Diesmal sagte die Versicherung, sie wolle noch einmal bezahlen, dann jedoch ihre Deckung nicht mehr erneuern. Und ohne Versicherung hätte der Vater meines Freundes die Apotheke aufgeben müssen, die er dreißig Jahre lang geführt hatte.

Das ist nicht fair, rufen wir einstimmig. Nicht im geringsten fair! Es gibt Drogenhändler, die zu Multimillionären werden, Mörder, die wegen eines Formfehlers ihrer Bestrafung entgehen, Regierungen, die alle umbringen, die ihre Stimme erheben. Und wir erwarten immer noch, daß das Leben fair sei!

Natürlich ist das Leben auch nicht immer unfair. Das zu behaupten wäre eine ebenso große Lüge. Wir sind ursprünglich nach dem Bilde Gottes geschaffen, und etwas in uns allen möchte oft fair sein und erwartet von anderen, es ebenfalls zu sein. Doch das Problem ist, was wir *erwarten*. Diejenigen Patienten, die unter dieser Lüge leiden und jahrzehntealte Verbitterung mit sich herumschleppen, haben nur eine Chance, emotional wiederhergestellt zu werden: sie müssen das Gleichgewicht finden, die gesunde Wahrheit.

Anne ist ein gutes Beispiel dafür. Sie wuchs während der fünfziger Jahre in den Südstaaten der USA in einer Familie auf, in der die Männer mehr oder weniger deutlich bevorzugt wurden. Ihre Eltern schickten ihren Bruder aufs Gymnasium, finanzierten ihm ein Studium an einer teuren Universität im Osten der Vereinigten Staaten und halfen ihm bei der Gründung seiner Rechtsanwaltspraxis. Für Anne war die mittlere Reife gut genug. Schließlich erreichte sie den besten Abschluß der Klasse. Sie würde ihren Weg schon machen! Dann boten ihre Eltern an, sie auf ein nahegelegenes staatliches College zu schicken. „Mein Vater meinte, ich würde letzten Endes sowieso heiraten", erzählte sie.

„Ich habe das alles selbst geglaubt, bis ich Mitte zwanzig war", erklärt sie. „Selbstverständlich verdiente mein Bruder das Beste. Dann fiel es mir plötzlich wie Schuppen von den Augen, und ich wurde wütend. Es war nicht fair. Ich war genauso intelligent, wahrscheinlich sogar intelligenter. Doch er war ‚der Mann'."

Was konnte sie tun, um ihren Zorn loszuwerden – zumal ihre alten Eltern ihren Bruder noch immer unterstützten?

Das Gleichgewicht muß durch ein rationales, auf der Realität beruhendes Selbstgespräch – wie wir es schon erwähnten – erreicht werden (am Ende des Kapitels werden wir das näher erörtern). Zunächst einmal stimmte ich ihr zu. Die ganze Situation war wirklich unfair. Dann wies ich sie darauf hin, daß sie zwar eine Realität sei, aber eine vergangene Realität.

„Was meinen Sie mit einer vergangenen Realität?" fragte sie. „Ich spüre es immer noch."

„Sie machen eine vergangene Realität zu einem gegenwärtigen Problem. Sie durchleben diese Vergangenheit gerade jetzt von neuem, nicht wahr?“ sagte ich.

„Na ja“, antwortete sie zögernd. „Aber was ist dieses Gleichgewicht, von dem Sie reden?“

„Die schlimmste Unfairneß besteht darin, daß Sie heute noch für Dinge aus der Vergangenheit bezahlen“, sagte ich, „denn psychologisch gesehen stecken Sie noch heute in der Vergangenheit.“

Anne dachte einen Augenblick darüber nach und schaute aus dem Fenster. Dann antwortete sie: „Wollen Sie damit sagen, daß es nicht der Vergangenheit angehört, solange ich es immer wieder durchlebe?“

„Richtig“, sagte ich. „Was wäre das Schlimmste, das Sie tun könnten? Was wäre doppelt unfair?“

Sie begann zu verstehen. „Wenn ich die Vergangenheit immer wieder durchlebe, wenn ich mich immer wieder davon herunterziehen lasse, dann bleibt die Vergangenheit unfair, und ich zerstöre meine Gegenwart“, antwortete sie. Mit dieser Art von Selbstgespräch war Anne in der Lage, sich aus der Rolle des Opfers zu lösen, die Vergangenheit und die Gegenwart voneinander zu trennen und mit der gegenwärtigen Wirklichkeit besser zurechtzukommen. Es liegt an uns, mit Unfairneß so umzugehen, daß wir nicht zweimal dafür bezahlen – einmal, wenn sie geschieht, und ein zweites Mal, wenn wir es zulassen, daß sie unser jetziges Leben zerstört.

„Warum warten?!“

Ellen hatte eine Schwäche für Kleider. Wenn sie zu mir kam, sah sie aus, als sei sie gerade von der Titelseite einer Modezeitschrift heruntergesprungen. Doch gerade wegen dieser Liebe zu den Kleidern suchte sie Rat. Ellen gibt zuviel Geld aus und steckt tief in Schulden. Offenbar ist sie unfähig, sich selbst davon abzuhalten, alles zu kaufen, was sie sieht.

„Ich habe es schon wieder getan", sagte sie. „Ich habe mir ein Kleid gekauft, das ich nicht brauchte. Ich konnte einfach nicht widerstehen! Es war das schönste Kleid, das ich je gesehen hatte."

„Sie hatten das Gefühl, ohne dieses Kleid nicht mehr leben zu können", sagte ich.

„Richtig. Obwohl es 450 Dollar kostete, mußte ich es unbedingt haben!"

„Haben Sie mir nicht letztes Mal gesagt, daß Sie Ihre Kreditkarten bis zur Grenze belastet haben?" fragte ich.

„Ja, aber eine meiner Kreditkarten-Gesellschaften hat meinen Kreditrahmen erhöht, weil ich eine so gute Kundin sei", sagte sie verlegen.

„Wie empfinden Sie das, was Sie getan haben?" fragte ich.

„Ich fühle mich glücklich, aber schuldig. Ich weiß, daß ich das Kleid nicht hätte kaufen sollen, aber ich bin glücklich. Ich sehe toll darin aus."

Wir haben bereits über die Lüge „Du kannst alles haben" gesprochen. Die Lüge „Warum warten?!" ist eine Variation des gleichenThemas, sie besagt: „Du kannst alles haben, und zwar sofort." Ihre Täuschung entstammt dem gleichen Impuls. Sie können alles haben; warum also warten? Warum sollten Sie nicht soviel wie möglich davon *jetzt gleich* haben? Zücken Sie Ihre Kreditkarte; verzichten Sie auf die zusätzliche Ausbildung; geben Sie dem Impuls nach, dem Kerl die Leviten zu lesen, der Sie verletzt hat!

Die meisten von uns kennen von den kleinen Dingen des täglichen Lebens, wie verlockend es ist, sofortige Befriedigung zu finden. Eigentlich sollten wir nicht diese fettigen, kaloriengeladenen Pommes frites zu unserer Bratwurst essen, aber was soll's? Man lebt nur einmal. Mit der Diät können wir auch morgen noch anfangen. Warum auf den Genuß warten?

Ich finde immer sehr schnell heraus, welche meiner Patienten nach dieser „Alles-sofort“-Lüge leben. Sie kommen in die Sprechstunde mit der Erwartung, Psychologen verfügten über so etwas wie Zaubersprüche, die auf der Stelle allen Schmerz aus ihrem Leben verbannen könnten. Wenn sie merken, daß eine Therapie ein langes, schwieriges Stück Arbeit ist, kommen manche einfach nicht mehr wieder. Solche Patienten kommen in die Therapie, damit der Psychologe sie im Schnellverfahren verändert – nicht, um sich selbst zu verändern.

Warum warten? Wir leben heute länger als jede andere Generation zuvor, und doch fühlen wir uns gehetzter. Die Zeit erscheint uns kürzer, nicht länger. Warten gehört nicht zu den allgemeinen Vorstellungen von einem vollkommenen Leben. Kürzlich las ich von einer Untersuchung, die ergab, daß von jedem Dollar, der in Amerika verdient wird, nur zwei Cents auf die hohe Kante gelegt werden – so wenig wie nie zuvor. Mit anderen Worten, der Durchschnittsamerikaner legt nur ein Fünfzigstel von dem, was er verdient, auf jenem „Befriedigungs-Verzögerungs-Instrument“ an, das man Sparkonto nennt.

Von allen Menschen sollten die Christen am meisten Sinn fürs Warten haben. Fast auf jeder Seite der Bibel lesen wir, wie wichtig es ist, auf den Herrn zu warten. Immer wieder spricht sie davon, irdische Freuden um des langfristigen himmlischen Lohnes willen zu verschieben. Da heißt es: „Harre des HERRN! Sei getrost und unverzagt und harre des HERRN!“ (Psalm 27,14).

Sie ermahnt uns, „nicht Schätze zu sammeln auf Erden“, sondern die volle Befriedigung im Himmel zu finden (Matthäus 6,19).

Doch unter den Patienten, die in meine Praxis kommen und die einem Leben der sofortigen Befriedigung verfallen sind, gibt es ebenso viele Christen wie andere Leute. Das mag daran liegen, daß Christen genauso in der Welt leben wie alle anderen auch und auf die gleichen weltlichen Lügen hören. Warum? Weil sie es, wie schon gesagt, so wollen. Die

Lüge klingt gut. Diese Lügen können sogar kurzfristig unsere Bedürfnisse befriedigen. Erst auf lange Sicht sind wir die Verlierer. Ellen erkannte das während einer unserer Sitzungen.

„Also“, fuhr ich fort, „Sie würden kein so gutes Bild von sich selbst haben, wenn Sie dieses neue Kleid nicht tragen könnten?“

„In diesem Kleid werde ich auffallen! Alles wird sich nach mir umdrehen!“ sagte sie grinsend, und ihre Augen glänzten.

„Glauben Sie, Ihr Aussehen könnte Ihnen vielleicht deshalb so wichtig sein, weil Sie unter dieser Schale nach Liebe und Aufmerksamkeit suchen?“ fragte ich und wartete auf ihre Reaktion. Ihre Augen hörten auf zu glänzen.

„Nun, ich weiß nicht. Ich wollte schon immer gut aussehen“, sagte sie und richtete sich automatisch zu einer eleganten Pose auf.

„Für wen?“ fragte ich.

„Für alle. Für mich selbst!“

„Okay. Und warum glauben Sie, daß Sie gut aussehen müssen?“

Sie schob ihr Gesicht vor. „Wollen Sie sagen, daß ich all das Geld deswegen ausgebe, weil ich von anderen geliebt und bewundert werden will?“

Ich zuckte die Achseln und wartete.

„Ich meine, das könnte stimmen. Ich nehme an, daß jeder das will“, sagte sie.

„Ja, aber nicht jeder lädt sich dafür Schulden auf. Sie haben ihre Kreditkarte zu Ihrer besten Freundin gemacht.“

Sie lachte. Dann hörte sie plötzlich auf und zog gedankenvoll die Stirn in Falten. „Okay, ich verstehe, worauf Sie hinauswollen. Aber was sollte ich tun, wenn ich meine ‚beste Freundin‘ benutzen will?“

„Was meinen *Sie*?“

„Zu Ihnen kommen.“

„Nein, ich glaube nicht. Wir können Ihnen helfen, sich neu darüber klarzuwerden, worin Ihre grundlegenden Bedürfnisse bestehen, und dann darüber reden, wie Sie diese auf angemessenere Weise befriedigen können. Doch fürs erste, was können Sie tun, wenn Sie Geld ausgeben wollen? Nennen Sie mir ein paar Ideen."

Sie dachte einen Augenblick nach. „Vielleicht lasse ich meine ‚beste Freundin' zu Hause? Ich denke, das wäre ein Anfang."

Ich stimmte ihr zu und wartete auf ihren nächsten Vorschlag. Ellen fing an zu verstehen.

„Die Menschen sind im Grunde gut."

Seit kurzem kommt Amy zu mir, eine attraktive, fünfundzwanzigjährige Computer-Programmiererin. Sie will sich darüber klarwerden, warum sie eine ganze Serie gescheiterter Beziehungen zu Männern hinter sich hat. Amy ist eine intelligente, redegewandte und verantwortungsvolle Frau, die ihr Leben unter Kontrolle hat – bis auf einen Bereich. Ihre Beziehungen zu Männern verliefen seit ihrer Teenagerzeit chaotisch und schmerzhaft.

„Ich weiß einfach nicht, warum meine Beziehungen immer wieder scheitern", sagte sie eines Tages. „Am Ende fühle ich mich jedesmal benutzt und verletzt."

„Wenn Sie sich mit einem Mann treffen, was nehmen Sie dann über seine Absichten an?" fragte ich sie.

Sie schaute mich etwas verwirrt an. „Was ich annehme? Nun, ich weiß nicht. Wahrscheinlich nehme ich an, daß er so ist wie ich."

„Wie meinen Sie das?" fragte ich.

„Ich nehme an, seine Absichten sind, mich kennenzulernen und festzustellen, ob sich eine Beziehung entwickeln kann."

„Also ehrenhafte Absichten?" sagte ich.

„Ja, ehrenhafte."

„In welcher Hinsicht sehen Sie seine Absichten als ehrenhaft?"

Sie lächelte ein wenig irritiert. „Sie wissen schon, was ich meine. Daß der Mann Moral hat. Daß er nicht nur auf Sex aus ist. Daß er einfach gern mit mir zusammen ist."

„Und was haben Sie entdeckt?"

Sie zog eine Grimasse. „Daß die meisten Männer nur an sich selbst denken. Daß es ihnen egal ist, wen sie verletzen."

Amys Problem besteht nicht so sehr darin, daß sie sich die falschen Männer aussucht. Zwar tut sie das offensichtlich. Aber meiner Meinung nach besteht ihr Kernproblem in der grundsätzlichen Annahme, daß Männer – und Menschen überhaupt – im Grunde gut sind.

Klingt es merkwürdig, wenn ein Psychologe sagt, daß der Glaube, die Menschen seien von Natur aus gut, eine Lüge ist?

In einer Zeit, in der „menschliches Potential" und „Selbstverwirklichung" die Stichworte sind und Bücher mit Titeln wie „Sei dein eigener bester Freund" und „Setz dich an die Spitze" zu Bestsellern werden, erscheint uns der Gedanke, unser Wesen sei fehlerhaft, als bedrohlich; er zwingt uns, liebgewordene Meinungen über unsere eigenen guten Eigenschaften aufzugeben. Viele von uns halten sich lieber an positivere oder humanistischere Auffassungen über die menschliche Natur. Hier zum Beispiel ist die Ansicht, die der bekannte Psychologe Abraham Maslow vertrat:

„Diese innere Natur scheint, soweit wir bisher darüber Bescheid wissen, nicht in sich oder in erster Linie oder notwendigerweise böse zu sein, sondern eher neutral ... oder eindeutig ‚gut'. ... Da diese innere Natur eher gut oder neutral als böse ist, ist es am besten, sie nicht zu unterdrücken, sondern sie zur Entfaltung zu bringen und zu stärken. Wenn wir unser Leben durch sie leiten lassen, werden wir zu gesunden, fruchtbaren und glücklichen Menschen werden."[3]

Diese Sicht der menschlichen Natur tut uns sicherlich wohl, aber ist sie wahr? Ich glaube nicht, und ich kann drei wesentliche Beweisquellen anführen, die darauf hindeuten, daß die Nadel der menschlichen Natur zum Bösen hin ausschlägt.

Zunächst ist die Geschichte der Menschheit auf der zwischenmenschlichen Ebene stärker durch Gier, Haß, Konflikte und Mord gekennzeichnet als durch Selbstlosigkeit, Liebe und Frieden. Die Kreuzzüge und die spanische Inquisition sind treffende Beispiele dafür, wie selbst das Gute ins Böse verkehrt wird. In unserm eigenen Jahrhundert reichen der Holocaust und die Drohung des Atomkrieges aus, um meine Aussage zu belegen.

Zweitens scheinen die Menschen auf ihrer eigenen persönlichen Ebene ebenso stark zur Selbstzerstörung zu neigen wie zum Wachstum. Was die körperliche Seite angeht, treiben die meisten Leute nicht genug Sport und ernähren sich nicht ausgewogen. Emotional leiden die meisten Menschen unter gewissen Schwierigkeiten, die oft so schwerwiegend sind, daß fachliche Hilfe erforderlich ist. Im geistigen Bereich hegen Menschen oft falsche Ansichten über sich selbst, über andere und das Leben im allgemeinen. Auf der geistlichen Ebene versäumen es die meisten Menschen, mit Beharrlichkeit oder Tiefe nach Gott oder irgendeinem Sinn in ihrem Leben zu suchen. Vielen kommt es sogar so vor, als hätte das Leben überhaupt keinen besonderen Sinn.

Drittens glaube ich, daß die Bibel lehrt, daß wir durch eine sündhafte Natur verdorben sind. Diese Natur wird uns letzten Endes vernichten, wenn sie nicht unter Gottes Herrschaft gestellt wird. „Offenkundig sind aber die Werke des Fleisches [der sündhaften Natur], als da sind: Unzucht, Unreinheit, Ausschweifung ... Feindschaft, Hader, Eifersucht ... Zank, Zwietracht, Spaltungen, Neid, Saufen, Fressen ...“ (Galater 5,19).

Das wirft nicht gerade ein schmeichelhaftes Licht auf die Beschaffenheit unserer inneren Natur, solange sie nicht unter Gottes Herrschaft steht! Ich möchte jedoch auch deutlich sagen, daß ich nicht mit denen übereinstimme, die meinen, wir seien *völlig* böse und unfähig zum Guten. Die Geschichte zeigt auch, wie liebevoll, freundlich und edel Menschen sein können. Da wir nach Gottes Bild geschaffen sind, spiegeln wir auch seine Eigenschaften wider. Wir sind in überwältigendem Maße fähig zum Guten wie zum Bösen, aber wie ich es sehe, neigen wir mehr dem Bösen zu.

Na schön, sagen Sie jetzt vermutlich, aber was hat das mit Lügen zu tun? Für eine gesunde Reise durchs Leben und durch die Beziehungen, die wir unterwegs erleben, ist es entscheidend, die menschliche Neigung zum Bösen zu verstehen und das Schlechte wie das Gute in uns wahrzunehmen.

Viele meiner Patienten sind Opfer der Lüge, die Menschen seien gut. Wie Amy erwarten sie stets nur das Höchste und Reinste von den Menschen um sie her, wo doch eine gewisse Skepsis ihnen bessere Dienste leisten würde.

„Ist es denn falsch, das Beste von den Menschen zu denken?“ rief Amy aus, als ich ihr eine gesunde Skepsis nahelegte.

„Nun“, sagte ich, „es erweist sich nicht als zutreffend, oder?“

Sie hielt etwas verwirrt inne und schüttelte dann den Kopf. „Das stimmt“, seufzte sie. „Aber was wäre die Alternative? Soll ich alle Männer als Abschaum betrachten und niemandem mehr vertrauen?“

Nun war ich daran, den Kopf zu schütteln. „Damit würden Sie von einem Extrem ins andere fallen.“

„Ja, wahrscheinlich.“

„Wo könnte der Mittelweg liegen?“ fragte ich.

„Lassen Sie mich nachdenken“, sagte sie, scharrte mit den Füßen und schaute auf den Teppich. „Vielleicht sollte ich mich mit meinen Schlußfolgerungen zurückhalten.“ Sie blickte wieder auf. „Ich meine, ich kann eigentlich die Absichten eines Mannes nicht kennen, bevor ich sie überprüft habe.“

„Sie würden also weder das eine noch das andere denken?“ sagte ich.

Sie nickte. „Ich würde nicht annehmen, daß sie gut oder

schlecht sind. Richtig? Ja, ich würde gar nichts annehmen. Vielleicht würde ich auch nicht so schnell so viel von mir offenlegen. Vielleicht würde ich mir den Mann erst einmal etwas genauer anschauen."

„Und welche Auswirkungen würde das auf Ihre Verabredungen mit Männern haben?"

„Ich würde meine Beziehungen langsamer angehen lassen. Ich wäre nicht mehr so schrecklich naiv." Sie hielt einen Moment inne. „Ich schenke den Männern zu schnell Vertrauen, nicht wahr?" sagte sie, mehr wie eine Feststellung als wie eine Frage. „Sie können mich nicht benutzen, wenn ich sie nicht lasse; das weiß ich. Also sollte ich daran arbeiten, geduldiger zu werden, eine Beziehung langsam wachsen zu lassen."

Zu meiner Freude kann ich sagen, daß sich durch Amys Entscheidungen nicht nur ihre Beziehungen zu Männern, sondern auch zu allen anderen Menschen, die sie kennt, dramatisch verändert haben. Sie gibt sich Mühe, nicht mehr von vornherein irgend etwas vorauszusetzen. Beide extremen Überzeugungen – sowohl die, daß alle Menschen vollkommen gut seien, als auch die, daß alle Menschen vollkommen schlecht seien – sind gleichermaßen schädlich. Die Menschen um uns her in einem gemäßigten Licht zu sehen und zu erkennen, daß sie sowohl zum Guten wie auch zum Bösen fähig sind und Gottes Hilfe benötigen, um nicht vom Bösen beherrscht zu werden – das ist die Wahrheit, die ich meinen Patienten vor Augen halte. Mir scheint dies die ausgewogenste Auffassung von uns selbst und anderen Menschen zu sein.

Wie Sie Ihre Lügen überwinden können

Nun kennen Sie einige der Lügen, die die Welt Ihnen weismachen will. Offensichtlich gibt es noch viele andere – doch dies sind diejenigen, die ich in meiner Arbeit am häufigsten zu hören bekomme und mit denen auch Sie höchstwahrscheinlich zu kämpfen haben. Am Ende des zweiten Kapitels habe ich Ihnen die ABC-Methode vorgestellt, die Ihnen helfen soll, die Selbstlügen, die Sie glauben, eindeutig zu erkennen. Setzen Sie nun Ihr ABC-Tagebuch fort, und fügen Sie auch die weltlichen Lügen hinzu, die Sie glauben.

Dabei möchte ich jedoch, daß Sie noch einen Schritt weitergehen. Ich habe im zweiten Kapitel gesagt, daß es Ihnen im Moment genug zu knacken gibt, ihre emotional schädlichen Lügen sichtbar zu machen. Da Sie nun die ABC-Methode in Ihrem Tagebuch geübt haben (das haben Sie doch, oder?), ist es an der Zeit, gegen diese Lügen anzugehen. Der nächste Schritt zur Überwindung Ihrer Lügen ist, sie zu widerlegen – indem wir die bereits vertraute ABC-Methode erweitern. Wir müssen zwei Schritte hinzufügen, D und E.

Eigentlich ist die Sache ganz einfach. Wie Sie sich erinnern, steht A für die Situation, die Ihre Emotionen auslöst, B für das Selbstgespräch aus Lügen oder einer Mischung aus Lüge und Wahrheit, durch das Sie das Ereignis interpretieren, und C für Ihre emotionale Reaktion. Die neuen Schritte sind leicht zu erläutern:

- D ist das *wahrheitsgemäße* Selbstgespräch. Sie praktizieren bewußt eine Art von Selbstgespräch, das den Lügen entgegentritt, die Sie sich bei Punkt B erzählt haben.
- E ist die angemessenere emotionale Reaktion angesichts dessen, was bei Punkt A geschehen ist.

Sehen Sie, es ist ganz einfach. Erinnern Sie sich noch an das Beispiel, mit dem wir die ABC-Methode veranschaulicht haben? Fügen wir die Schritte D und E hinzu.

A) *Das Ereignis:* Sie standen an der Kasse des Supermarktes in der Schlange und wurden ärgerlich, frustriert und wütend, weil eine Frau vor Ihnen sich gemütlich Zeit ließ. Die Lügen, die Sie sich selbst bei Punkt B erzählten, waren: „Ich kann nicht glücklich sein, wenn es in dieser Schlange nicht schneller vorangeht." „Diese Frau sollte vollkommener sein." „Daß sie so lange braucht, macht mich wütend." Diesen Lügen müssen Sie die Wahrheit entgegenhalten.

D) *Wahrheitsgemäßes Selbstgespräch:* Um diese Lügen zu überwinden, können Sie sich folgendes sagen:

„Ich kann glücklich sein, selbst wenn nicht alles nach meinen Wünschen geht."

„Menschen sind nun einmal Menschen. Sie machen oft etwas nicht so perfekt, wie sie könnten."

„Die Situation wird nicht besser davon, daß ich vor Ärger koche. Sie wird nur noch schlimmer."

„Nicht diese Frau verursacht meine Wut. Ich selbst verursache sie durch das, was ich mir selbst sage."

„Es gefällt mir nicht, aufgehalten zu werden. Aber es ist kein Weltuntergang."

Merken Sie, wie es einer emotional problematischen Situation die Spitze nehmen kann, wenn Sie sich innerlich immer wieder diese Wahrheiten vorsagen?

E) Die richtige Folge müßte dann eine ruhigere Reaktion sein (D). Sie würden verstehen, daß Sie selbst ihre starken Emotionen verursacht haben und daher auch in der Lage sind, sich jetzt etwas zu beruhigen, indem Sie sich die Wahrheit über Ihre Situation sagen.

Versuchen wir es mit einem anderen Beispiel, und probieren wir die ganze Methode aus:

A) *Das Ereignis:* Sie haben um drei Uhr einen Termin beim Arzt. Um vier Uhr sitzen Sie immer noch in seinem geschmackvoll eingerichteten Wartezimmer.

B) Was wäre Ihr normales Selbstgespräch in dieser Situation?

C) Wie ist Ihre spontane emotionale Reaktion?

Bei B sagen Sie sich wahrscheinlich etwa folgendes: „Das ist nicht fair. Ich bin pünktlich hiergewesen. Warum kann er mich nicht pünktlich an die Reihe nehmen?" Nun überlegen Sie: Welche Lügen sind in diesen Aussagen enthalten?

- Das Leben sollte fair sein.
- Alles muß nach Ihren Vorstellungen gehen, damit Sie glücklich sein können.
- Menschen sollten perfekt sein.

Natürlich kann ich mir schon vorstellen, wie Ihre C-Reaktion aussieht. Während Sie auf Ihren Fingernägeln herumkauen und alte Zeitschriften durchblättern, haben Sie reichlich Gelegenheit, sich Ihre Lügen anzuhören und immer wütender zu werden. Sie können aber auch die Wahrheit gebrauchen, um sich zu beruhigen und Ihre explosiven Emotionen aufzulösen. Versuchen wir also, Schritt D zu Ihrer Situation hinzuzufügen. Welche Wahrheiten können Sie sich selbst sagen, um Ihren zorngeladenen Lügen entgegenzuwirken?

D) *Wahrheitsgemäßes Selbstgespräch:* „Es paßt mir nicht, so lange zu warten, aber wenn ich allzu wütend darüber werde, macht das die Sache nur schlimmer."

„Meine Zeit ist ebenso wertvoll wie seine, aber es ist gut, daß er sich für seine Patienten soviel Zeit wie nötig nimmt – auch für mich."

„Ich warte wirklich nicht gern. Aber ob es mir paßt oder nicht, ich muß warten. Es liegt an mir, ob ich darüber unglücklich sein oder alles Notwendige tun will, um meine Zorngefühle aufzulösen. Was kann ich tun?"

„Ich kann meine Zeit damit verbringen, etwas Sinnvolles zu tun; vielleicht mit einem Brief anfangen, den ich schreiben wollte; vielleicht an etwas Angenehmes denken; vielleicht beim nächsten Mal ein Buch mitbringen; vielleicht kann ich dies auch einfach als freie Zeit betrachten, um meine Gedanken spazierengehen zu lassen."

Wie würde nun die Reaktion unter E aussehen?

Wenn Sie der ABC-Situation die Schritte D und E hinzufügen, gehen Sie auf die Herausforderung ein, die Wahrheit zu nehmen und als Waffe gegen Ihre Lügen einzusetzen. Machen Sie sich keine Gedanken, wenn sich Ihre Einstellung und Ihre Emotionen nicht gleich beim ersten Versuch verbessern. Es wird immer schwierig sein, Ihre Lügen zu überwinden – das wird verständlich, wenn man bedenkt, wie lange Sie sie schon praktiziert haben.

Stellen Sie sich die Lügen, die Sie glauben, wie Ihre Muttersprache vor. Die Wahrheit wäre dann eine Fremdsprache; sie enthält Wörter, die manchmal schwer auszusprechen und zu behalten sind. Ebenso, wie Sie mit entsprechender Anstrengung und Übung eine Fremdsprache lernen können, können Sie lernen, fließend die Wahrheit zu sprechen. Wieder einmal kommt es auf Geduld an. Die Wahrheit ist nicht in einem Merkvers zu haben, doch die Wahrheit wird emotionale Ausgeglichenheit und Wohlbefinden erzeugen, wenn Sie Zeit und Übung dafür aufwenden.

Ehelügen

Um die Wirklichkeit in der ehelichen Beziehung zu verstehen, ist es entscheidend, zunächst die Unwirklichkeiten zu erkennen.

William Lederer und Don Jackson[1]

Joe und Carol waren ein Paar wie aus einem Märchen. Er war ein gutaussehender und anziehender Mann, sie war elegant und intelligent. Sie verlobten sich und rechneten damit, bis an ihr Ende glücklich zusammenzuleben. Dann heirateten sie. Doch statt bis ans Ende glücklich zu sein, lebten sie nur zu bald unglücklich zusammen. Wo Joe einst gutaussehend gewirkt hatte, fand Carol ihn jetzt nur noch eitel; wo er einst aufmerksam gewesen war, erschien er ihr jetzt besitzergreifend. Und Carol wirkte überhaupt nicht mehr elegant und intelligent auf Joe, sondern materialistisch und besserwisserisch. Bald lagen sie in heftigem Streit. Und dabei war es seither geblieben. Zwei nette Leute, die sehr verliebt ineinander waren, haben sich in zwei unglückliche Leute verwandelt, die sich fragen, ob sie einen großen Fehler begangen haben.

Was ist geschehen? Nichts, das nicht jedem Ehepaar passieren könnte. Die Wirklichkeit ist eingezogen. Als Joe und Carol heirateten, kamen ihre romantischen Vorstellungen vom Zusammenleben aus dem tiefsten Märchenland. Als das wirkliche Leben nicht ihren Träumen entsprach, gab es Schwierigkeiten.

Aus zahllosen Gründen beginnen die meisten Paare ihr gemeinsames Leben im Glauben an eine Menge von Lügen. Und wenn sich schließlich die Wahrheit zeigt, gibt es zwei Möglichkeiten: entweder zeigen sie genug Liebe und Bereitschaft zu harter Arbeit, um sich anzupassen, oder sie klammern sich an die Lügen, bis ihre Ehe langsam zerbröckelt.

Ehe ist harte Arbeit. Das ist eine Wahrheit. Doch wir sind von romantischen Vorstellungen verblendet und verschließen bis zum allerletzten Moment die Augen davor. Viele Paare müssen schreckliche Schmerzen und Leiden durchmachen. Doch ich habe festgestellt: fast alle Paare, die ich berate, brachten Gedanken zum Ausdruck, in denen ein Muster von Lügen zu erkennen war, die für ihr eheliches Unglück weitgehend verantwortlich waren.

Halten Sie sich vor Augen, daß die meisten Ehepaare nicht bewußt zugeben würden, daß sie die Lügen glauben, die wir hier erörtern werden. Aber diese Lügen beeinflussen sie auf der unbewußten Ebene, wodurch es um so schwieriger wird, ihnen entgegenzutreten.

„Es ist alles deine Schuld."

Eine der Lügen, die Paaren am häufigsten zu schaffen machen, ist eine Variante der Lüge „Jemand anders ist schuld" – die den Finger der Schuldzuweisung direkt auf den Ehepartner richtet. Sie besagt, daß das Verhalten eines Ehepartners bei dem anderen eine schlechte Reaktion hervorruft und daß dieses Verhalten das einzige ist, was die Ehe beeinträchtigt. Einfach ausgedrückt, es ist alles seine oder ihre Schuld.

Das war Joes und Carols Problem und zeigte sich vom ersten Moment an, als sie in meine Praxis kamen. Joe saß mit dem Körper von Carol abgewandt, Carol hatte ihre Beine von Joe weg überschlagen. Und dann fingen sie an ...

„Sie sagt nie etwas Nettes über das, was ich tue", sagte Joe.

„Das liegt daran, daß du nie etwas Nettes tust. Alles, was du tust, ist, von der Arbeit nach Hause zu kommen und dich zu beklagen, wie schrecklich sie ist und wie leid du sie bist", antwortete Carol.

Joe schoß zurück: „Wenn ich ein bißchen mehr Verständnis von dir bekäme, würde ich mich vielleicht nicht so viel beklagen."

Carol richtete sich empört auf. „Da haben wir's wieder! Es ist meine Schuld, daß du dich so oft beklagst, ist es so?"

„Wenn du mir mehr zuhören und nicht immer so an mir herummäkeln würdest, würde ich mich nicht so oft beklagen", sagte Joe.

„Klar, und wenn du dich nicht so oft beklagen würdest, könnte ich dir mehr zuhören", konterte Carol.

Dieses verbale Volleyballspiel hatten sie während ihres ganzen Ehelebens gespielt. Sie gaben zu, daß sie sich seit fünfzehn Jahren auf diese Weise stritten, und keiner von ihnen schien bereit zu sein, nachzugeben und über seinen eigenen Anteil an dem Problem nachzudenken. Als ich versuchte, ihnen vor Augen zu führen, daß sie sich persönlich verändern und sich selbst ehrlich überprüfen müßten, gingen sie auf Abwehr und warfen mir vor, ich würde eine Seite bevorzugen.

Kennen Sie das alte Sprichwort „Zum Streiten braucht man zwei"? Das stimmt wirklich! Man braucht zwei Leute für einen schrecklichen Streit und zwei Leute für eine schreckliche Ehe. Selbst wenn es scheint, als sei einer davon eindeutig derjenige, der „alles verdirbt", behaupte ich immer noch, daß die Reaktion des „geschädigten" Ehepartners auf das Verhalten des anderen ebenso entscheidend für die eheliche Harmonie oder Disharmonie ist.

Zum Beispiel könnte mir Frau Schmidt eines Tages erzählen, sie habe gerade tausend Dollar für Kleider ausgegeben. Ob das zu einem vernichtenden Streit führt, hängt ebenso davon ab, was Herr Schmidt tun wird, wie davon, was Frau Schmidt getan hat. Herr Schmidt kann völlig aufgebracht reagieren, oder er kann Fürsorge zeigen und herausfinden, ob Frau Schmidt vielleicht bereit ist, ihr Handeln rückgängig zu machen. Mit anderen Worten, es liegt an ihm, wie er auf ihr Verhalten reagieren will (selbst wenn er sich diese Tatsache in einem solchen Augenblick wahrscheinlich bewußt in Erinnerung rufen müßte). Welche Reaktion auf ihr Verhalten er wählt, ist genauso wichtig für das Schicksal der ehelichen Harmonie wie Frau Schmidts Entscheidung, tausend Dollar auszugeben.

Hier sind einige Möglichkeiten, wie er reagieren könnte:

Den Marsch blasen

„Willst du im Ernst sagen, daß du an einem Tag tausend Dollar für Kleider ausgegeben hast?" schreit er. „Das sieht dir ähnlich! Du denkst nur an dich! Dir ist es doch völlig egal, wie wir finanziell dastehen und was es für uns bedeutet, wenn du soviel ausgibst. Du bist nichts als selbstsüchtig!" schimpft er.

Wie jeder andere es auch tun würde, reagiert Frau Schmidt, indem sie abwehrend zurückschimpft – das heißt, falls sie nicht aus dem Zimmer rennt und die Tür hinter sich zuschlägt.

Leisetreten

„Äh, tja ... na prima! Ich bin froh, daß du gefunden hast, was du wolltest", murmelt Herr Schmidt, während seine Hand den Küchentisch so fest umklammert, daß es aussieht, als würde er sich gleich die Knöchel brechen.

Darauf könnte Frau Schmidt jedoch so reagieren: „Gut! Morgen gehe ich zurück und hole mir noch die anderen Sachen, die ich zurückgehängt habe."

In Liebe die Wahrheit sagen

„Ich freue mich, daß du Kleider gefunden hast, die dir gefallen", sagt Herr Schmidt, stellt seinen Aktenkoffer ab und wendet sich ihr direkt zu, „aber ich muß dir sagen, daß tausend Dollar meiner Meinung nach viel zuviel für unseren Geldbeutel ist. Laß uns darüber reden."

Wie wird Frau Schmidt darauf reagieren? Wenn ihr Mann sich so vernünftige Reaktionen zur Gewohnheit gemacht hat, antwortet sie vielleicht: „Ich spreche das gerne mit dir durch. Ich möchte, daß wir beide ein gutes Gefühl darüber haben, wieviel ich ausgegeben habe."

Die dritte Antwort ist offensichtlich die gesündeste. Keiner schiebt dem anderen die Schuld in die Schuhe, und die Kommunikation zwischen Herrn und Frau Schmidt reißt nicht ab. Es klingt vielleicht etwas idealistisch, aber ich glaube, daß eine solche Kommunikation zwischen Ehepartnern möglich ist, wenn sie hart genug daran arbeiten.

Um ernstere Umstände ging es bei Patty, deren Mann Alkoholiker war und sie mit Worten und auch auf andere Weise emotional mißhandelte. Sie war überzeugt, daß ihre Eheprobleme ganz und gar seine Schuld seien, und offen gesagt war er auch größtenteils der Verursacher. Sie hatte alle Selbstachtung verloren, fühlte sich vor ihren Freunden gedemütigt, und ihre Kinder schämten sich für den Alkoholismus ihres Vaters. Und sie hatten keinen Vater mehr, auf den sie sich verlassen konnten. Das alles war seine Schuld, sagte sie. Alles. Doch ich erinnerte diese Frau daran, daß ihr Mann zwar für seinen Alkoholismus und das grausame Verhalten, das daraus hervorging, verantwortlich war, daß aber sie die Verantwortung dafür trug, ob sie durch sein Verhalten ihr Leben zerstören ließ. Und leider tat sie genau das.

Schließlich platzte sie in einer unserer Sitzungen mit der „Wahrheit" heraus, mit der sie lebte:

„Solange er nicht aufhört zu trinken, kann ich nicht glücklich sein", sagte sie und schaute mich wütend an.

Ich wartete eine Weile und antwortete dann: „Meinen Sie nicht, daß das ein ziemlich hoher Preis für seinen Alkoholismus ist?"

Sie setzte sich auf. „Wie meinen sie das?"

„Nun", fuhr ich fort, „sein Alkoholismus ist schon schlimm genug, aber Sie scheinen entschlossen zu sein, auch noch Ihr eigenes persönliches Unglücklichsein oben draufzusetzen."

Sie sah beleidigt aus. „Nun, mir scheint, daß es mir nicht viel Raum zum Glücklichsein läßt, wenn ich mit einem Alkoholiker verheiratet bin, der mir ständig Schimpfworte an den Kopf wirft."

Sie dachte, dagegen könnte ich nichts einwenden. In ihrer Aussage schien alle Wahrheit der Welt zu liegen. Doch ein Teil davon war Lüge, nämlich die Lüge, sie sei völlig unfähig, ihre eigene Reaktion zu beherrschen. Also sagte ich: „Ich stimme Ihnen zu, daß es das Leben schwieriger macht, aber Sie scheinen daraus den vernichtenden Schlag machen zu wollen, der Ihr Leben zum Elend verdammt. Muß das wirklich sein?"

„Ich weiß nicht, wahrscheinlich nicht, aber ..." – sie verstummte.

„Patty, Sie sind in einer schlimmen Situation. Daran besteht kein Zweifel. Aber bei Ihnen liegt die Entscheidung: Muß das Verhalten Ihres Mannes Sie dazu verurteilen, unglücklich zu sein?"

Sie starrte auf den Fußboden und antwortete schließlich: „Ich will das nicht. Aber ich sehe einfach keinen Weg, wie ich glücklich sein könnte, solange er nicht aufhört, zu trinken und mich und die Kinder herunterzumachen. Er sagt immer, wir würden ihn einengen, erdrücken."

„Könnte es sein, daß Sie sich gegenseitig erdrücken?"

„Vielleicht", murmelte sie. „Manchmal fühle ich mich, als ob ich ersticke."

„Ihre Entscheidung liegt darin, ob Sie sich entschließen können, Sie selbst zu sein und das Leben trotz allem zu genießen. Denken Sie eine Weile nach. Wie könnten Sie das tun?"

Sie schaute einen Moment lang an mir vorbei und sagte dann: „Ich ... ich habe daran gedacht, mich vielleicht von ihm zu trennen ... für eine Weile."

„Und was würde das bringen?"

„Es würde weh tun, aber vielleicht würde es ihn aufwekken. Ich weiß nicht. Es widerspricht allem, was man mir beigebracht hat. Aber manchmal wird alles so unerträglich..."

„Gibt es noch andere Möglichkeiten für Sie, etwas zu tun, um sich mehr Erfüllung zu verschaffen?" fragte ich nach.

„Na ja, ich habe eine Menge Freundschaften schleifen lassen, weil ich mich ... nun ... so sehr geschämt habe. Ich fühle mich manchmal so einsam. Früher habe ich gerne gestickt. Aber jetzt habe ich keinen Kontakt mehr zu meinen Freundinnen, mit denen ich dies Hobby teilte. Und ich gehe überhaupt nicht mehr in meine Gemeinde, weil ich niemandem ins Gesicht sehen konnte."

„Abgesehen davon, daß Sie sich schämen, was hält Sie davon ab, diese Beziehungen wiederaufzunehmen?"

„Nichts, nehme ich an", sagte sie. Sie lächelte ein bißchen, und ich bemerkte einen Funken Leben in ihren Augen.

Trotz aller widrigen Umstände zufrieden zu sein – das ist ein großes Ziel. Leichter gesagt als getan? Gewiß! Aber das ändert nichts daran, daß dies unsere Verantwortung ist. Ich glaube wirklich nicht, daß Gott am Tag des Gerichts zu Patty sagen wird: „Sieh mal, du hast es wirklich schwer gehabt mit diesem Trunkenbold als Ehemann, deshalb kann es dir keiner zur Last legen, wie du auf ihn reagiert hast und dein Leben durch seinen Alkoholismus hast beeinträchtigen lassen." Ich halte es für wahrscheinlicher, daß er statt dessen sagen wird: „Sieh mal, du hattest einen Ehemann, der sich schrecklich verhalten hat, aber du warst trotzdem verantwortlich dafür, wie du mit seinem Verhalten umgegangen bist und ob du es zugelassen hast, daß seine Probleme dein Leben ruinieren." Wir haben es nicht in der Hand, wie andere uns behandeln, aber wir müssen unser eigenes Verhalten und unsere Reaktionen in der Hand haben.

Soweit es nur menschenmöglich ist, müssen sich Ehepaare die biblische Lehre zu Herzen nehmen, ihre eigenen Fehler ehrlich zuzugeben und an ihnen zu arbeiten – statt sich anzumaßen, Rundumschläge gegen alle anderen zu verteilen. Das gilt selbst für Paare mit so ernsten Problemen, wie Patty und ihr Mann sie haben. Wie es Matthäus anschaulich ausdrückt, sollten wir uns um den Balken im eigenen Auge kümmern, bevor wir auf den Splitter im Auge unseres Ehepartners hinweisen (Matthäus 7,3). Wir dürfen nicht zulassen, daß der Splitter im Auge unseres Ehepartners dazu beiträgt, daß unser Balken größer wird und unsere Sicht noch stärker beeinträchtigt. Können Sie sich vorstellen, wie eine Ehe aussieht, in der beide Partner diese Lehre in die Praxis umsetzen?

„Wenn es mit uns so schwierig ist, passen wir wohl nicht zusammen"

Zu Beginn dieses Kapitels sagte ich, daß die Ehe harte Arbeit erfordert. Verstehen Sie das so: Die Ehe erfordert *sehr* harte Arbeit. *Mächtig* harte Arbeit. Unterstreichen Sie das. Markieren Sie es deutlich. Dies ist die erste Regel für die Ehe. An jeder Ehe, die über Jahre hinweg gesund und glücklich bleibt, ist *gearbeitet* worden. Freilich ist das eine Wahrheit, die nur sehr wenige begreifen. Deshalb beginnen viele Paare in dem Moment, wo die Ehe nicht mehr so glatt läuft, sich zu fragen: „Passen wir überhaupt zueinander?" Dieser Gedanke scheint einer anderen Lüge zu entstammen – daß es in der Welt einen ganz bestimmten Jemand gebe, mit dem wir „glücklich bis an unser Ende" leben könnten. Darauf sind Joe und Carol hereingefallen, unser „Märchenbuch-Liebespaar".

So merkwürdig es klingt – ich bin der Ansicht, daß harte Arbeit in der Ehe oft zu dem Eindruck führt, man sei mit der richtigen Person verheiratet (wenn mir auch klar ist, daß es Ausnahmen gibt). Im allgemeinen weisen die schwierigen Auseinandersetzungen in unseren Ehen uns oft darauf hin, wo wir Mängel in unserer eigenen Persönlichkeit haben – und dadurch bekommen wir die Chance, unser eigenes Verhalten zu bereinigen.

In letzter Zeit kommt ein Paar zu mir in die Therapie, das genau vor diesen Hintergrund paßt. Cheryl und Dan sind noch kein Jahr verheiratet und streiten sich beinahe jeden Tag über irgend etwas – über große Dinge, über kleine

Dinge, über alles mögliche. Sie haben wenig gemeinsame Interessen und fühlen sich voneinander gelangweilt. Sie verbringen nur wenig Zeit allein miteinander, um über ihre Gefühle zu sprechen, weil ihnen das zu schwer ist. Und ihre Einstellungen haben auch schon ihr sexuelles Zusammensein in Mitleidenschaft gezogen, das bestenfalls noch sporadisch stattfindet. Sie würden sich trennen, wenn sie sich nicht vor dem Alleinsein und vor der Reaktion ihrer Freunde und Verwandten fürchteten.

Typischerweise geben sie sich gegenseitig die Schuld und fragen sich, ob sie einfach nicht zusammenpassen. Ich habe versucht, die beiden Streithähne zu besänftigen und dazu zu bringen, ihren jeweils eigenen persönlichen Stil ehrlich zu überprüfen.

Wenn sie zu mir kommen, setzen sie sich gewöhnlich in die beiden einzelnen Sessel in meinem Sprechzimmer; wie ein König und eine Königin, unbeugsam und majestätisch – Cheryl selbstsicher und makellos gekleidet, Dan lässig, immer in Freizeithosen und einem zerknitterten Sporthemd.

„Ich kann mir vorstellen, wie frustriert Sie beide über die Probleme in Ihrer Ehe sein müssen“, sagte ich eines Tages, „aber ich glaube nicht, daß diese Probleme bedeuten müssen, daß sie nicht zueinander passen.“

„Was sonst könnten all diese Probleme bedeuten?“ erwiderte Dan.

„Nun, sie könnten zum Beispiel bedeuten, daß Sie beide an bestimmten Mängeln in Ihrer eigenen Persönlichkeit arbeiten müssen. Die Streitigkeiten sind nur ein Symptom dafür, wieviel Arbeit Sie vor sich haben.“

Dan verdrehte die Augen. „Wie denn das? Wie soll ein persönlicher Mangel uns zum Streiten bringen?“

„Dan, Sie haben erwähnt, daß Sie sich sehr gerne Sportveranstaltungen ansehen, aber Sie scheinen das auf Cheryls Kosten etwas zu übertreiben“, deutete ich an.

Er versteifte sich. „Ich liebe Fußball. Es hilft mir, mich zu entspannen. Wollen Sie mich bitten, das aufzugeben?“

„Natürlich nicht. Es steht mir nicht zu, Sie darum zu bitten. Die Frage ist, ob Sie nicht meinen, es im Interesse Ihrer Ehe ein wenig kürzen zu sollen. Aber das muß von Ihnen ausgehen."

„Sie verlangen Unmögliches von ihm", murmelte Cheryl. „Meinen Sie nicht, wir könnten jemanden anderes finden, mit dem wir von Natur aus besser auskommen – ohne so hart daran zu arbeiten?"

„Ich bin sicher, es gibt Menschen, die besser zu Ihnen beiden passen", gab ich zu. „Aber ich glaube nicht, daß das bedeutet, daß Ihre Ehe zu den Akten gelegt werden muß und Sie nach anderen Partnern Ausschau halten sollten. Die Wahrscheinlichkeit spricht dafür, daß Sie am Ende jemanden heiraten, der überhaupt nicht besser zu Ihnen paßt, vielleicht sogar schlechter. Die schmerzliche Wahrheit ist, daß die Ehe in unserem Leben die Bereiche zum Vorschein bringt, an denen wir arbeiten müssen. Sie würden die gleichen Mängel in Ihre nächste Ehe mitnehmen. Scheidung ist nur Flickschusterei."

Cheryl und Dan starrten mich an, als sie das Wort „Scheidung" hörten. Ich zweifelte nicht daran, daß sie auf das zurückkommen wollten, was ihnen als leichter Ausweg erschien.

„Ich kann Ihnen nur meine persönliche Überzeugung darlegen", fuhr ich fort. „Ich glaube, daß Sie das maximale persönliche Wachstum in Ihrer eigenen Ehe erfahren können. Der Gedanke an einen ‚neuen, verbesserten' Ehepartner ist normalerweise eine Fluchtphantasie." Und an diesem Punkt stellte ich fest, daß keiner von beiden mich mehr anschaute.

Im Moment denken sie über diese Sichtweise nach. Ihr Schmerz ist so bohrend, ihr Zorn so heftig, daß ich fürchte, sie werden sich scheiden lassen, bevor die Arbeit, die sie tun müßten, auch nur begonnen ist – geschweige denn vollendet. Doch ich erinnere sie ständig daran, daß ihre Probleme kein Signal dafür sind, daß sie einander verlassen sollten, sondern daß sie ihre gegenseitige Hilfe brauchen, um an den ungesunden Eigenschaften ihrer individuellen Persönlichkeiten zu arbeiten.

Leider verlaufen Ehetherapien oft so wie die mit Dan und Cheryl. Bevor sie soweit sind, an ihren individuellen Problemen zu arbeiten, zerstören Paare manchmal ihre Ehe dadurch, daß jeder die Fehler des anderen anprangert. Eine Forderung nach dem Motto „Ändere dich, oder ..." funktioniert selten. Oft macht es die Dinge sogar noch viel schlimmer, denn wie alle Menschen lassen sich auch Ehepartner nicht gern durch Drohungen und unterschwellige Beeinflussungen dazu bringen, ihre Persönlichkeit zu verändern.

Auch unser erstes Paar, Joe und Carol, leidet unter diesem Problem. Beide sind Christen. Christliche Paare scheinen sogar besonders anfällig für diese Lüge zu sein. „Wenn es mit uns so schwierig ist, passen wir wohl nicht zusammen" – das erscheint gerade ihnen glaubwürdig, weil die meisten Christen sich vorstellen, daß Gott ihre Ehe nicht gewollt haben kann, wenn sie schwierig und schmerzhaft ist. Die Überzeugung „Gott hat uns zusammengebracht", die viele christliche Paare haben, führt sie dazu, in Gedanken fortzusetzen: „Deshalb werden wir immer glücklich miteinander sein." Das widerspricht völlig den biblischen Lehren über die Schwierigkeiten, die in allen Ehen auftreten. Paulus schreibt im ersten Korintherbrief: „Doch werden solche [die, die heiraten] in äußere Bedrängnis kommen. Ich aber möchte euch gerne schonen" (1. Korinther 7,28).

Ehe ist sehr harte Arbeit. Wir sind besser dran, wenn wir diese Wahrheit nicht als Ausrede mißbrauchen, um uns aus unseren Ehen herauszuschleichen.

„Du mußt alle meine Bedürfnisse erfüllen."

Eine weitere unrealistische Vorstellung, die viele von uns mit sich herumtragen, ist, daß irgendwo jemand sei, der vollständig, total, beständig und auf wunderbare Weise alle unsere

Bedürfnisse erfüllen werde. Dann treffen wir diesen „vollkommenen“ Menschen, heiraten ihn und bemerken nur allzu schnell seine „Lücken“. Und immer noch klammern wir uns an der falschen Vorstellung fest. Sie würden sich wundern, wie störrisch manche Leute an diesem Gedanken festhalten. Ich hatte Paare in meinem Sprechzimmer, die seit dreißig Jahren verheiratet waren und immer noch an dem Gedanken hingen, daß der Ehepartner jeden Wunsch, jedes Bedürfnis und jede Sehnsucht erfüllen müßte. Lügen sterben langsam!

George und Sue kamen nach ihrem zehnten Hochzeitstag zu mir. Sie hatten ihn fast gar nicht gefeiert, denn ihnen war klar, wie unglücklich sie miteinander waren. George war Ingenieur, ein Mensch mit analytischem Verstand. Sue war das genaue Gegenteil, spritzig und begeisterungsfähig, und immer war ihr jemand „Stärkeres“ zu Hilfe geeilt. Sie gab sogar zu, daß George ihr Märchenprinz sei – genau so, wie sie sich ihren Vater vorgestellt hatte, der gestorben war. Stets bezahlte George die Rechnungen, rief die Handwerker, wurde mit jedem kleinen Autoproblem fertig. Doch in letzter Zeit machte ihn das wahnsinnig.

„Sie erwartet, daß ich alles tue!“ platzte er heraus.

„Das tue ich nicht. Ich erwarte nur, daß er da ist, wenn ich ihn brauche“, antwortete Sue voller Sachlichkeit.

George seufzte. „Ist dir klar, was du da sagst? Du sagst: ‚Hier ist mein Leben; sorge du für all meine Bedürfnisse!‘ Das kann ich nicht! Niemand kann das!“

„Oh, George, ich erwarte nicht, daß du alles für mich tust, nur das, was ich nicht tun kann. Dafür sind Ehemänner da“, scherzte Sue.

„Sue, das ist eine ernste Sache. Hör mir zu. Ich kriege manchmal mein eigenes Leben nicht geregelt, geschweige denn deines“, rief George.

Sue runzelte die Stirn und sah ihren Mann durchdringend an. „Aber“, begann sie, „wenn du mir nicht hilfst, wer dann?“

„Das ist vielleicht eine ganz wichtige Frage", sagte ich zu Sue. „Wer soll sich um Ihre Probleme und Bedürfnisse kümmern, wenn George es nicht tun kann oder will?"

Sue schaute ein wenig furchtsam drein. „Nun, ich habe keine Freunde und keine Familie, auf die ich mich wie George verlassen kann."

„Wie empfinden Sie das?" fragte ich.

Sie dachte nach. „Ich nehme an, ich habe Angst. Wie George es darstellt, klingt es, als komme ich ständig zu ihm gelaufen. Nun, vielleicht tue ich das. Vielleicht übertreibe ich es. Wenn er nicht da wäre ..."

„Vielleicht flüchten Sie vor Ihrer Angst vor Unabhängigkeit", deutete ich an.

„Ich muß zugeben", sagte sie mit leiser Stimme, „daß George, als wir uns begegneten, all meine Bedürfnisse befriedigen wollte, und ich wollte das zulassen. Ich brauchte eine Zuflucht."

„Das stimmt", sagte George. „Damals wollte ich das. Es gab mir das Gefühl, wichtig zu sein und gebraucht zu werden. Jetzt fühle ich mich nur noch erdrückt und benutzt davon, daß Sie mich so sehr braucht."

„Ich höre heraus, George, daß sich die Grundregeln geändert haben", sagte ich, „und daß Sue das nicht weiß. Sue, stimmt das?"

Sue dachte einen Augenblick nach. Sie strich sich das Kleid glatt und schlug die Beine übereinander. „Ich glaube, George ist nicht mehr so wie früher bereit, mir zu helfen. Vielleicht sollte ich lernen, mich ein bißchen besser um mich selbst zu kümmern. Ich brauche seine Hilfe, um das zu lernen." Und damit schaute sie George an.

„George, was sagen Sie dazu?" fragte ich.

„Aber klar!" sagte er, wobei sich sein Gesicht aufhellte. „Es ist nicht, daß ich nichts für dich tun will, Liebling. Ich kann nur nicht mehr alles tun."

Die Realität jeder Beziehung ist, daß kein Mensch der vollkommene „Bedürfnis-Befriediger" für einen anderen sein kann. Deshalb werden unsere Bedürfnisse am besten aus verschiedenen gesunden, angemessenen Quellen befriedigt. Viele Leute, die unter dieser Lüge leiden, verfügen nicht über solche gesunden Quellen – einen besten Freund, Hobbys, eine befriedigende Arbeit oder vor allem eine feste Beziehung zu Gott.

Anstatt diesen Mangel als ihr Problem zu erkennen, wenden sie sich an ihre Ehepartner und sagen, wie George es ausdrückte: „Hier ist mein Leben. Sorge du für all meine Bedürfnisse." Das ist ein einfacher Weg, sich vor der Verantwortung zu drücken, das eigene Leben erfüllt und selbständig zu gestalten.

Ich rede bewußt von gesunden, angemessenen Quellen, denn nur zu leicht kann ein Ehepartner versuchen, diese unbefriedigten Bedürfnisse auf ungesunde, ja ehebrecherische Weise zu befriedigen – also auf eine Weise, die der Ehe keineswegs dienlich sein kann.

Tom ist ein gutes Beispiel dafür. Einfach ausgedrückt glaubte Tom an die Lüge, seine Frau sei nicht „vollkommen" genug für ihn. Also zog er los und suchte sich andere Frauen, um die Bedürfnisse zu befriedigen, die seine Frau ihm nicht erfüllen konnte. Um ehrlich zu sein, sein vorrangiges „unbefriedigtes" Bedürfnis war das nach sexueller Abwechslung, und da seine Frau nicht ihre Gestalt und Erscheinung verändern konnte, um ihm jeden Monat einen andern visuellen Reiz zu bieten wie die „Playmates des Monats" aus dem „Playboy", suchte er weiter. Natürlich trug diese Lüge dazu bei, ihre Ehe zu ruinieren. Die Tatsache, daß auch er die Bedürfnisse seiner Frau nicht vollkommen befriedigte, übersah er, und seine Selbstsucht fügte ihrer Beziehung schließlich schweren, vielleicht nicht mehr zu behebenden Schaden zu. Er ist jetzt aus dem Haus ausgezogen, und seine Frau und seine Kinder stehen ohne Ehemann und Vater da; das alles um der „vollkommenen" Befriedigung seiner Bedürfnisse willen.

Ich höre Sie jetzt einwenden: „Nun, ich erwarte gar nicht,

daß mein Ehepartner all meine Bedürfnisse erfüllt. Ich wäre schon außer mir vor Freude, wenn er (oder sie) auch nur einige davon befriedigen würde!" Um ehrlich zu sein, ich habe Paare kennengelernt, bei denen einer der Partner eindeutig weniger dazu tat, die Grundbedürfnisse des anderen zu erfüllen. Tom ist dafür ein Beispiel. Er beachtete nicht die Bedürfnisse seiner Frau nach Treue, Gemeinschaft und Hilfe bei der Erziehung. Andere Ehepartner sind vielleicht in sexueller Hinsicht treu, ignorieren jedoch andere, ebenso wichtige Bedürfnisse, ohne sich darüber klar zu sein, was sie tun. Verständlicherweise hat der Partner, dessen Bedürfnisse unbefriedigt bleiben, den Eindruck, daß das Verhältnis von Geben und Nehmen ziemlich aus dem Gleichgewicht ist. In solchen Situationen sage ich dem „geschädigten" Partner, daß es entscheidend wichtig ist, dem anderen keine Standpauke zu halten. Indem er „schnell zum Hören, langsam zum Reden, langsam zum Zorn" (Jakobus 1,19) ist, kann der geschädigte Partner seinem nachlässigen Gegenüber die Chance geben, darüber nachzudenken, warum es ihm oder ihr so sehr widerstrebt, ein besserer Ehepartner zu sein.

Im Grunde stehen wir hier einer dreifachen Herausforderung gegenüber. Es geht darum,

1) ehrlich zu überprüfen, was wir von unserem Ehepartner erwarten;
2) ehrlich zu überprüfen, ob er oder sie diese Bedürfnisse erfüllen kann oder will; und
3) entweder das Bedürfnis durch andere Mittel auf angemessenem Wege zu erfüllen oder zu akzeptieren, daß das Bedürfnis unangemessen ist; dann gilt es, sich zu bemühen, es aufzugeben.

Zum Beispiel: Eines der Probleme unseres ersten Paares, Carol und Joe, bestand darin, daß Carol Antiquitäten liebte und gerne wollte, daß Joe mitkam, wenn sie die Läden durchstöberte. Joe dagegen sah in jeder Antiquität nichts als ein altes Möbel und machte sich Sorgen, daß Carols Anschaffungen das Innere ihres Hauses bald wie das seiner Urgroßmutter aussehen lassen würden – das er noch nie gemocht hatte! Bestimmt wollte er nicht hinter Carol herrennen, während sie ganze Lagerhäuser voller alter Kommoden und Tische begutachtete. Da Joe offensichtlich haßt, was Carol liebt, könnte sie ihr Bedürfnis besser befriedigen, wenn sie andere Leute findet, die Antiquitäten mögen. Die Erwartung, Joe müsse alle ihre Interessen mit ihr teilen, war unrealistisch, und sie mußte sich von ihr lösen.

Kein einzelner Mensch kann alle unsere Bedürfnisse erfüllen. Unsere Ehepartner müssen entlastet werden, wenn wir das von ihnen erwarten.

„Du bist mir etwas schuldig."

Erinnern Sie sich noch an die Zeit, als Sie Ihren Ehepartner kennenlernten? Es machte Ihnen Freude, etwas für ihn oder sie zu tun, und Sie haben eigentlich nicht viel als Gegenleistung erwartet außer seiner oder ihrer Gesellschaft.

Wie sieht Ihre Beziehung heute aus? Wenn es Ihnen so geht wie den meisten Paaren, dann haben Sie so etwas wie eine „Tauschmarken-Politik" entwickelt. Für alles, was Sie für Ihren Ehepartner tun, buchen Sie sich im Geist eine bestimmte Anzahl von Tauschmarken gut. Einmal den Müll hinausbringen ist vielleicht zehn Tauschmarken wert; schmutzige Kleidung aufsammeln fünfzig; sich Klagen anhören fünfundsiebzig; und mit ihm oder ihr etwas unternehmen, wozu Sie keine Lust haben, hundert Tauschmarken. Wenn Ihnen dann danach ist, schütten Sie ihr Faß voller Tauschmarken auf den Tisch und sagen: „Hier, die möchte ich für eine Reise nach Hawaii einlösen" oder „Du schuldest mir drei Stunden ungeteilte Aufmerksamkeit – jetzt!"

Aus irgendeinem Grund – vielleicht weil Vertrautheit tatsächlich eine gewisse Geringschätzung begünstigt – schreiten wir von unseren ersten gemeinsamen Jahren (in denen wir aus vollem Herzen etwas füreinander taten, ohne daran zu denken, was der andere uns dafür schuldig sei) zu unseren „zur Gewohnheit gewordenen“ Ehejahren fort (in denen alles für die spätere Rückforderung aufgerechnet wird).

Dieser Ehestil des „Du bist mir etwas schuldig“ ist destruktiv und wurzelt in der Lüge, daß die Menschen und insbesondere unsere Ehepartner uns alles zurückgeben müßten, was wir für sie tun.

Melissa und Bert lebten diese Lüge in Reinkultur. Sie hatten ständig ihren „Radarschirm“ ausgefahren für das, was der andere ihnen schuldig war, und sie wurden sehr böse aufeinander, wenn sie den Eindruck hatten, daß der andere ihnen weniger „bezahlte“, als er ihnen schuldete. Das war so schlimm geworden, daß sie nie Frieden miteinander hatten. Unsere Sitzungen drehten sich immer wieder um das Thema „Du bist mir etwas schuldig“ – bis wir eines Tages endlich zu einer Einsicht gelangten, die in ihrer Ehe eine allmähliche Wende auslöste.

„Sehen Sie“, sagte Bert und lehnte sich zu mir vor, „ich habe so hart gearbeitet, um ihr alles zu geben, was sie will; und alles, worum ich als Gegenleistung bitte, ist, daß wir ein paar von den Dingen tun, die ich tun möchte.“

„Sie meinen, das ist Ihre Frau Ihnen schuldig? Für das, was Sie für sie getan haben?“ fragte ich.

„Ja, genau“, sagte er und lehnte sich zurück.

Melissa explodierte beinahe in ihrem Sessel. „Und was ist mit all dem, was ich für dich getan habe? Was schuldest du mir?“

Bert verschränkte die Arme. „Zum Beispiel? Ich bringe das ganze Geld nach Hause.“

Melissa begann mit ihren Fingern zu zählen: „Ich habe dir geholfen, durchs Studium zu kommen; ich führe den Haushalt und sorge dafür, daß jeden Tag das Essen auf dem Tisch steht; ich bezahle alle Rechnungen, damit du dich darum nicht kümmern mußt; ich erziehe unsere Kinder ganz allein, während du erst studiert hast und nun arbeitest. Brauchst du noch mehr?"

„Warten Sie", sagte ich. „Sie scheinen beide überzeugt zu sein, daß der andere Ihnen mehr schuldig ist als sie ihm. Also schön. Bert, wessen Bemühungen sind mehr wert, Ihre oder Melissas?"

„Das ist nicht fair. Das kann niemand entscheiden", sagte Bert.

„Genau", sagte ich. „Wie könnten wir jemals ehrlich wissen, was die Bemühungen unseres Ehepartners wirklich wert sind?"

Melissa fragte: „Was sollen wir tun?"

„Sagen *Sie* es mir", forderte ich sie auf.

Melissa antwortete: „Nun, ich glaube, wir müßten zuerst die Aufgaben im Haus besser verteilen. Für meinen eigenen Seelenfrieden muß ich wissen, daß wir die Last so gleichmäßig wie möglich tragen."

„Und ...?" fragte ich Melissa.

„Und dann sollten wir aufhören, uns Gedanken darüber zu machen, wer wem was schuldig ist. Wenn wir das können", meinte sie.

Bert fuhr sich mehrmals mit den Fingern durchs Haar und lehnte sich dann in seinem Sessel zurück. „Ja, damit könnte ich leben. Zumindest können wir es versuchen", stimmte er schließlich zu.

Versuchen Sie sich vorzustellen, Ihre Ehe radikal anders anzugehen. Wie wäre es, wenn Sie sich auf den Standpunkt stellten, daß ihr Ehepartner Ihnen absolut nichts schuldig ist für all die Dinge, die Sie für ihn oder sie getan haben? Was Sie in Ihrer Ehe getan haben, haben Sie getan, weil sie es tun wollten – nicht weil Sie es tun mußten. Und niemand schuldet Ihnen etwas dafür, daß Sie getan haben, was Sie tun wollten.

Gehen wir noch einen Schritt weiter. Wie wäre es, wenn Sie sich auf folgenden Standpunkt stellten: Wenn Ihr Ehepartner etwas tut als Gegenleistung für etwas, das Sie für ihn getan haben, dann tut er es, weil er es so beschlossen hat – nicht weil er dazu verpflichtet ist. Und wie wäre es, wenn Sie das, was Ihr Ehepartner Ihnen anbietet, als etwas betrachteten, das Sie annehmen und schätzen können, statt es zu *erwarten*?

Worauf ich hinauswill, ist folgendes: Ihre Ehe kann viel gesünder werden, wenn Sie Ihre Erwartungen aneinander aufgeben und durch Wünsche ersetzen – die Sie sich, wenn sie nicht erfüllt werden, auf andere Weise erfüllen.

Ich will damit nicht sagen, daß wir aufhören sollten, etwas von unseren Ehepartnern zu *wollen* oder uns zu *wünschen*, wenn wir unsere Erwartungen aufgeben. Ich *möchte*, daß meine Frau liebevoll ist, mir treu bleibt, mir durch ihre Tätigkeit im Haus hilft und unser Konto nicht überzieht. Ich will nur sagen, daß sie mir alles das nicht *schuldig* ist, selbst wenn ich *ihre* Erwartungen erfüllen sollte. Sobald ich anfange, diese Dinge von ihr zu verlangen, als wären sie mein eheliches „Geburtsrecht", glaube ich meiner Lügenkassette. Und ich werde bald nicht mehr zu schätzen wissen, was meine Frau mir bietet.

Vielleicht sagen Sie: „In Ordnung – nehmen wir an, ich erwarte nicht mehr von meinem Ehepartner, daß er meine Bedürfnisse erfüllt, und fange statt dessen an, es mir einfach zu wünschen. Was tue ich, wenn mein Ehepartner mir nicht gibt, was ich möchte?"

Nun, da gibt es verschiedene Möglichkeiten, gesunde und ungesunde. Auf ungesunde Weise könnten Sie schreien und brüllen, sich zurückziehen, den anderen herunterputzen, manipulieren oder einschüchtern, bis er ihnen gibt, was Sie wollen. Dadurch bekommen Sie vielleicht tatsächlich das, worauf Sie aus sind. Aber Sie werden eine Schlacht gewonnen und den Krieg verloren haben, weil Sie durch dieses Verhalten Hader und Mangel an Liebe und Harmonie in Ihre Ehe hineintragen.

Auf gesunde Weise können Sie Ihren Ehepartner *bitten,* noch einmal darüber nachzudenken, oder Sie können sich ein wenig anpassen, Kompromisse schließen, Ihren Wunsch aufgeben oder – wenn alles andere scheitert – sich selbst um seine Erfüllung kümmern, ohne bitter zu sein. Die Wahrheit ist, daß zwei Partner in einer Ehe einander nichts „schuldig“ sind. Die gesündesten Ehen sind diejenigen, in denen jeder Partner gibt, weil es richtig ist, das zu tun – nicht weil er es schuldig ist oder damit der andere ihm etwas schuldig ist.

„Ich sollte mich nicht verändern müssen.“

Als ich ein Jugendlicher war, gab es ein Lied, das ich sehr mochte. Darin hieß es: „Ich bin, was ich bin, und das ist alles, was ich je sein werde.“ Genau das sagen häufig Ehepaare, wenn sie sich dafür rechtfertigen, daß sie sich nicht verändern können (oder wollen).

„Ich bin schon immer so gewesen, und dagegen kann ich nichts tun. Wenn du mich wirklich liebtest, würdest du mich einfach so akzeptieren, wie ich bin, und nicht versuchen, mich zu verändern.“

Die Stoßrichtung solcher Aussagen ist die Lüge, daß in einer guten Ehe ein Partner im Blick auf den anderen nichts daran ändern muß, wer er ist – oder daß es zumindest so sein sollte. Es klingt so, als sollte eine Ehefrau einfach sagen: „Nun, so ist nun mal mein Mann, und ich liebe ihn trotzdem“, und sich dann in eine Dämmerzone zurückziehen, in der sie voller Seligkeit die unveränderte Version ihres Mannes akzeptiert.

Was für eine Augenwischerei! Natürlich müssen wir uns verändern, um besser zu unseren Ehepartnern zu passen. Die Herausforderung besteht darin, zu entscheiden, *was* wir verändern müssen. Wenn wir heiraten, weisen wir alle in unserer Persönlichkeit Mängel auf, die wir ausgleichen und in Ordnung bringen müssen. Sehr häufig sind unsere Schwächen genau die Stärken unseres Partners. Die Ehe erfordert es, daß wir unsere Schwächen verbessern, nicht daß wir uns in das Banner „Nimm mich so, wie ich bin" hüllen.

Meine Frau Holly verfügt über eine enorme Fähigkeit zur emotionalen Nähe und Wärme; ich dagegen neige eher dazu, emotional zurückhaltend und analytisch zu sein. In den ersten Jahren unserer Ehe war es mir oft unbehaglich, wenn sie die Nähe zu mir suchte – zum Beispiel eine schlichte Umarmung – und mir nicht danach war, ihr diese Nähe zu geben. Das war für uns beide sehr frustrierend. Um ehrlich zu sein, ich wünschte mir manchmal, sie würde mich einfach so nehmen, wie ich bin, und nicht mehr emotionale Nähe von mir erwarten, als ich ihr geben wollte.

Ich erinnere mich an eine Gelegenheit, als sie einfach nur meine Hand halten wollte. Ich hatte einen ermüdenden Tag hinter mir, an dem ich ständig auf die Bedürfnisse anderer Menschen eingehen mußte. In jenem Moment wünschte ich mir nichts anderes als ein wenig Raum für mich persönlich. Ich wollte nicht, daß sie meine Hand hielt. Ich wollte sie nicht erzürnen; ich wollte einfach nur niemanden um mich haben. Doch in meinem Inneren wußte ich, daß richtig war, was Holly wollte, und daß ich mich verändern mußte. Mit anderen Worten, ich wußte, daß mein Problem mit der emotionalen Nähe ein Schaden in meiner Persönlichkeit war. Ich wußte, daß ich so offen wie möglich für sie sein sollte, besonders dann, wenn sie meine Nähe suchte. Es war nicht leicht, aber ich versuche mit ihrer Hilfe, meine eigenen Ängste vor menschlicher Nähe zu durchbrechen. Ob ich emotionale Nähe jemals als ebenso angenehm empfinden werde wie Holly, weiß ich nicht, aber ihr Einfluß macht mich zu einem viel vollständigeren Menschen.

„Ein Fleisch" – so spricht das 1. Buch Mose von einem verheirateten Paar (1. Mose 2,24). „Eins" zu werden ist unmöglich, solange einer der Ehepartner oder beide sich weigern, sich füreinander zu verändern. Ich bin ganz für Individualität, und ich rede hier nicht für eine blinde Anpassung an alles, was ein Ehepartner sich zu seinem Glück wünschen kann. Aber wenn meine Frau an einer Stelle stark ist, wo ich es nicht bin, dann erscheint es mir sinnvoll, mich auf sie zuzubewegen, so weit ich kann. Und natürlich umgekehrt. Mit einer solchen Einstellung können wir beide nur gewinnen, weil wir beide vollständiger werden – während wir „eins" werden.

„Du solltest sein wie ich."

Diese Lüge ist ein Vetter zweiten Grades der vorhergehenden und ähnelt sehr der „Mein-Wille-Lüge" aus dem zweiten Kapitel. Sie besagt, daß Ihr eigener persönlicher Stil der „beste" Stil ist und daß Ihr Ehepartner genauso wie Sie denken, fühlen und handeln sollte, um richtig oder annehmbar zu sein. Menschen, die auf diese Lüge hereinfallen, neigen dazu, die Welt in schwarz/weiß, richtig/falsch, alles/nichts einzuteilen. Oft unterstellen sie voller Arroganz, daß ihre Ehepartner im Unrecht sind, wenn sie nicht genauso denken oder handeln wie sie. Platt ausgedrückt, solche Leute wollen eigentlich einen Doppelgänger und keinen Partner – ob sie es nun bewußt so sehen oder nicht.

Carol und Joe, unser erstes Paar, glaubten diese Lüge, und sie war eines der vielen Mißverständnisse, die ihr eheliches Elend hervorbrachten. Sie meinten beide, ihre eigene persönliche Ansicht über jedes Thema sei die beste, intelligenteste, weiseste und akkurateste; und wenn sie unterschiedlicher Meinung waren, dann krachte es ordentlich. In einem Jahr zum Beispiel „wußte" Carol, daß ein Urlaub am Meer das beste für sie wäre, und brachte alle möglichen logischen Argumente dafür an. Gleichzeitig hatte Joe entschieden, daß ein Urlaub in den Bergen die beste Wahl wäre, und er hatte ebenso viele gute Gründe dafür. Da beide nicht zum Nachgeben bereit waren, verbrachten sie endlose Stunden damit, über das Thema zu streiten. Am Ende waren sie so wütend aufeinander, daß sie überhaupt nicht in Urlaub fuhren.

Wenn man das gedruckt vor sich sieht, wirkt es absurd,

aber ich kenne viele, viele Paare, die diese Lüge zur Grundlage ihres Lebensstils erkoren haben. Wenn wir tatsächlich mit jemandem verheiratet wären, der genauso fühlte und handelte wie wir, wären wir innerhalb einer Woche gelangweilt. Ich will damit nicht sagen, daß Ehepartner es vermeiden sollten, ihren persönlichen Vorlieben nachzugehen, nur um Streit zu vermeiden. Aber wir sollten uns selbst fragen, ob unsere jeweilige Vorliebe wichtig genug ist, um darüber zu streiten. Wenn nicht, müssen wir beweglich genug sein, um Kompromisse zu schließen oder gelegentlich auf die Erfüllung unserer Wünsche zu verzichten.

Wir sind einzigartig. Es ist gut, daß wir alle verschieden sind, selbst wenn das zu Konflikten führt; denn wenn wir auf reife Weise mit Verschiedenheiten umgehen, können sie uns ein klareres Bild von unserer Individualität vermitteln und uns deutlicher bewußt machen, wie unterschiedlich Menschen tatsächlich sind.

Ehelügen will man sich normalerweise nicht eingestehen; sie sind unbewußt und werden als sehr peinlich empfunden, wenn sie ans Tageslicht gebracht werden. Doch tief in Ihrem Inneren wissen Sie vermutlich, daß Sie einige davon auf Ihrem Kassettenrecorder haben. Zu einer richtig angewandten Eheberatung gehört es, diese Lügen bewußt zu machen und sie dann durch die Wahrheit zu ersetzen – und das ist etwas, womit Sie selbst beginnen können. Eines der wirksamsten Werkzeuge in meiner Eheberatung ist die praktische Anleitung, die wir nun erörtern werden.

Wie Sie Ihre Lügen überwinden können

Lassen Sie uns eine völlig andere praktische Übung ausprobieren als bisher: Sie nennt sich „rational-emotive Imagination“ – es geht also darum, die bildliche Vorstellungskraft einzusetzen – und ist ein geistiges Spiel. Es wurde von Dr. Maxie Maultsky entwickelt, einer führenden Vertreterin der kognitiven Therapie – also jener Therapie, die das geistige Erkenntnisvermögen des Menschen einsetzt. Es wird seit Jahren von Sportlern genutzt, die sich damit auf ihre Wettkämpfe vorbereiten. Wir werden es für einige wichtige Situationen in unserem eigenen Lebensspiel verwenden.

Einfach ausgedrückt beinhaltet diese Übung, sich eine unangenehme oder ärgerliche Situation vorzustellen und ein wahrheitsgemäßes Selbstgespräch einzusetzen, um die damit verbundenen Gefühle zu verändern.

Wie nutzt ein Sportler diese Technik? Stellen Sie sich einen Tennisspieler vor, der Spiel für Spiel ständig seine Passierschläge ins Aus schlägt. Allmählich versinkt er in negative Gedanken: „Ich bin ein lausiger Spieler. Ich werde nie die hintere Ecke treffen. Ich schaffe es einfach nicht." Statt aufzugeben, bremst er jedoch diese Gedanken und beschließt, seine Vorstellungskraft einzusetzen.

In seiner Vorstellung spielt er eine Situation durch, in der er wieder ins Aus schlägt, doch dieses Mal hält er das Geschehen an, spult es zurück, spielt es noch einmal durch und schlägt den Ball in Gedanken genau dahin, wo er ihn haben will. Während er sich das vorstellt, sagt er sich selbst: „Du kannst es schaffen", „Bleib dran" und „Du mußt dich nur konzentrieren". Dann fährt er fort, diesen Vorgang in seiner Vorstellung ständig zu wiederholen, bis er anfängt, den Gedanken als möglich zu akzeptieren.

Lassen Sie mich ein Beispiel mit mir selbst als Versuchsperson anführen:

Das Ereignis: Einer meiner Anzüge muß für ein wichtiges Treffen morgen gereinigt werden. Da ich ihn heute morgen nicht selbst in die Reinigung bringen kann, bitte ich meine Frau, es für mich zu tun. Ich schildere ihr kristallklar, wie wichtig es ist, daß ich diesen Anzug bis heute abend zurückhabe. Doch als ich wieder nach Hause komme, liegt mein schmutziger Anzug noch genau da, wo ich ihn am Morgen zurückgelassen habe.

Meine schlechte Reaktion: Ich gehe mit dieser Situation

nicht richtig um. Ich explodiere. An diesem Punkt erzähle ich mir selbst mehrere Lügen:

„Das ist schrecklich! Ich habe nichts anderes anzuziehen für dieses Treffen! Mein ganzer Tag ist ruiniert, von dem Rest des Abends ganz zu schweigen."

„Auf meine Frau ist nicht der geringste Verlaß! Kann sie denn nichts richtig machen?"

„Das ist alles ihre Schuld! Und das, wo ich doch soviel für sie tue!"

In diesem Moment betritt unglücklicherweise meine Frau das Zimmer. Ich sage ihr meine Meinung, und wir geraten in einen der schlimmsten Kräche unseres gesamten Ehelebens.

Stellen wir uns nun die gleiche Situation noch einmal vor, aber mit anderen geistigen und emotionalen Ergebnissen.

Meine gedankliche Vorstellung: Ich trete ein und entdecke meinen zerknitterten, schmutzigen Anzug genau da, wo ich ihn am Morgen zurückgelassen habe. Dieses Mal jedoch sage ich mir selbst auf eine der folgenden Arten die Wahrheit:

„Ich bin sehr enttäuscht, daß sie nicht getan hat, worum ich sie gebeten habe. Da ich jetzt nichts daran ändern kann, muß ich mir überlegen, was ich statt dessen morgen zu dem Treffen anziehen könnte."

„Sie sagte, sie wolle sich darum kümmern. Manchmal tut sie nicht, was sie versprochen hat, genau wie auch ich nicht immer tue, was ich versprochen habe. Das gefällt mir nicht, aber so ist die Realität."

„Das *muß* mir nicht den ganzen Abend oder das morgige Treffen verderben. Ich werde damit fertig werden, so gut ich kann."

„Ich werde ihr sagen, daß ich verärgert bin, weil sie meinen Anzug vergessen hat; aber das ist kein Weltuntergang, also werde ich nicht gleich an die Decke gehen."

Während ich diese vernunftbezogenen Gedanken denke, stelle ich mir vor, daß ich angesichts der Situation innerlich ziemlich ruhig bleibe. Ich stelle mir vor, daß ich zornig, aber beherrscht bin. Ich stelle mir vor, daß ich mit meiner Frau rede und ihr sage, daß ich ärgerlich über den Anzug bin, aber ich tue es auf respektvolle Weise und so, daß sie es sich anhören kann. Zuletzt stelle ich mir vor, daß ich das Thema fallenlasse und mich daranmache, eine Lösung für mein Anzugproblem zu finden, statt meine Zeit damit zu verschwenden, die Schuld zu verteilen.

(Einige werden jetzt einwenden, an die Decke zu gehen, sei die einzige Möglichkeit, ihrer Frau nachdrücklich klarzumachen, wie wichtig die Sache war, und dafür zu sorgen, daß sie es beim nächsten Mal richtig macht. Meine Antwort ist, daß dieser Stil einen Teufelskreis in Gang setzt. Irgendwann werden Sie so oft an die Decke gegangen sein, daß Ihr Ehepartner es kaum noch bemerkt; dann haben Sie ihn oder sie darauf trainiert, Sie zu ignorieren, wenn es Ihnen einmal um eine wirklich wichtige Sache geht. Meine Antwort auf Ihren Einwand ist also, daß Sie den Kreis durchbrechen, Ihre Frau über diese Veränderung in Ihrem Verhalten informieren und dann dabei bleiben müssen. Wenn dies Ihre Situation ist, werden Sie diese Übung für Ihre Vorstellungskraft nötiger haben, als Sie denken, um diese alte Gewohnheit zu durchbrechen.

Diese Technik gestattet es Ihnen, Situationen, in denen Sie normalerweise explodieren, gedanklich auf vernünftige und konstruktive Weise durchzuspielen. Sie können sich vorstellen, wie Sie richtig mit diesen Situationen umgehen. In gewissem Sinn führt diese Technik dem Gehirn einen Film vor, in dem Sie ihre „Szene" lange vor Ihrem tatsächlichen „Auftritt" oder nach einem schlechten Auftritt einstudieren, so daß Sie daran arbeiten können, sie besser zu spielen.

Diese Technik kann in allen möglichen anderen Situationen dazu nützen, Lügen zu überwinden, die schädlich für Sie sind. Sie können sie einsetzen, um sich darauf vorzubereiten, Vorstellungsgespräche zu führen, sich mit Freunden auseinanderzusetzen, zu unrealistischen Anforderungen nein zu sagen, mit Fehlern fertig zu werden, die Sie oder andere gemacht haben, mit dem Fehlverhalten Ihrer Kinder umzugehen oder einfach einen anstrengenden Tag durchzustehen. Lassen Sie sich, wie bei allen unseren Techniken, nicht entmutigen, wenn Ihnen die gedankliche Vorstellung anfangs noch nicht so gut gelingt. Mit etwas Übung werden Sie viel Geschick darin entwickeln, die Wahrheit sichtbar in jede Situation einfließen zu lassen. Sie werden sehen, welch wunderbare Wirkung sie auf Ihre gewohnheitsmäßigen Reaktionen ausüben wird. Es kommt darauf an, sich selbst dabei zu beobachten, wie Sie in einer Situation falsch reagieren, und dann – wie es der Tennisspieler tat – die geistige Kassette zurückzuspulen und sich die richtige Reaktion vorzustellen.

Verzerrungslügen

> *Je weniger klar wir die Wirklichkeit der Welt sehen – je mehr unser Geist durch Irrmeinungen, falsche Wahrnehmungen und Illusionen vernebelt ist –, desto weniger sind wir in der Lage, richtige Handlungsweisen zu erkennen und kluge Entscheidungen zu treffen.*
>
> Scott Peck[1]

Wann haben Sie sich das letzte Mal über eine Kleinigkeit aufgeregt?

Haben Sie das Gefühl, daß Sie viele Dinge viel zu persönlich nehmen?

Wie oft gebrauchen Sie die Wörter „immer" und „niemals"?

Fühlen Sie zuerst, und denken Sie später?

Seien Sie ehrlich. Wie haben Sie diese Fragen beantwortet? Jede davon betrifft eine Verzerrung. In unseren Wahrnehmungen verzerren wir oft die Wirklichkeit. Diese Angewohnheit ist der Boden, auf dem die meisten unserer Lügen gedeihen. Manche dieser Verzerrungen sind uns schon sehr vertraut, und um jede davon gruppieren sich weitere vertraute, aber falsche Ideen.

Diese Verzerrungen und die Lügen, die sich aus ihnen nähren, sind folgende:

- ▷ Vergrößerung – die Lüge, aus einer Mücke einen Elefanten zu machen;
- ▷ Personalisation – die Lüge, alles persönlich zu nehmen;
- ▷ Polarisation – die Schwarz-Weiß-Lüge;
- ▷ Selektive Abstraktion – die Lüge, den Wald vor lauter Bäumen nicht zu sehen;

- Überverallgemeinerung – die Lüge „Es ist immer das alte Lied!“;
- Emotionales Denken – die Lüge „Wenn ich es fühle, stimmt es auch!“.[2]

Immer wieder erlebe ich, wie Menschen diese Verzerrungen in ihrem Denken benutzen. Alltägliche Ereignisse und Begegnungen verlieren dann ihre wahren Proportionen.

Die Wahrheit ist natürlich, daß jeder so etwas tut. Jeder von uns hat sich solche Verzerrungen zu eigen gemacht, so daß sie für die meisten Leute zum Bestandteil des normalen Denkens geworden sind. Jede dieser Verzerrungen jedoch trägt zur Lügenmentalität bei und muß aus der Sicht der Wahrheit entlarvt werden. Schauen wir sie uns der Reihe nach an.

Aus einer Mücke einen Elefanten machen

Jill schleppte sich durch die Haustür. Es war ein sehr, sehr langer Tag gewesen. Nichts hatte bei der Arbeit richtig geklappt. Als sie in den Hausflur trat, warf sie einen Blick ins Wohnzimmer. Der Raum war immer noch in dem chaotischen Zustand, in dem ihn ihr Sohn gestern abend zurückgelassen hatte, nachdem er sich mit seinen Freunden ein Fußballspiel im Fernsehen angeschaut hatte.

„Er hatte es versprochen!“ rief sie, so laut sie konnte.

Gerade in diesem ungünstigen Moment trat ihr Sohn durch die Tür.

Jill explodierte. „Du hast es mir versprochen! Du hast mir heute morgen versprochen, das Geschirr zu spülen, bevor du zur Arbeit gehst! Das hat mir gerade noch gefehlt nach so einem Tag! Ich habe es satt, wie du dich mir widersetzt! Nach allem, was ich für dich tue! Du hast einen Monat Hausarrest!“ Und damit ließ sie ihren Sohn sprachlos stehen, stapfte in Richtung Schlafzimmer davon und schlug die Tür hinter sich zu.

Jill leidet an einer *vergrößernden Verzerrung*. Bei dieser Verzerrung nehmen Ereignisse überdimensionale Proportionen an. Wer daran leidet, macht wie Jill aus einer Mücke einen Elefanten. Jill vergrößerte das, was ihr Sohn getan bzw. nicht getan hatte, über alles realistische Maß hinaus, und damit belog sie sich selbst. Und indem sie sich selbst belog, verstärkte sie ihre Emotionen nur noch.

Höchstwahrscheinlich haben Sie eine derartige Szene auch schon erlebt. Die Neigung, Dinge zu vergrößern, ist eine ziemlich verbreitete Form der Realitätsverzerrung. Oft nehmen wir „Fünf-Pfennig-Ereignisse" und verwandeln sie in weitaus bedeutendere Situationen – bedeutend genug für die Emotionen, die sie hervorrufen. (Die Kehrseite der Vergrößerung, nämlich, die Bedeutung eines Ereignisses herunterzuspielen, ist genauso ungesund.) Doch die Emotionen passen nicht wirklich zur Situation. Je stärker wir Dinge vergrößern, desto emotionaler werden wir.

Mir fällt es ungemein schwer, im Straßenverkehr einen kühlen Kopf zu bewahren. Wenn jemand vergißt, den Blinker zu setzen, kann das – so belanglos es auch ist – meinen Geduldsfaden zum Reißen bringen. Nun ist es aber unmöglich, mit dem Auto zu fahren, ohne zu sehen, wie jemand etwas falsch macht. Von daher kann meine Neigung zur Vergrößerung das Fahren zu einer frustrierenden und zornschürenden Sache machen. Und wohin führt das normalerweise? Ich zeige mit dem Finger auf den „schuldigen" Verkehrsteilnehmer, als sei er derjenige, der meine Gefühle auslöst – anstatt meine Neigung zur Vergrößerung als den wahren Grund dafür zu erkennen, daß ich mich so aufrege.

Das Leben bringt im allgemeinen Tausende von „Fünf-Pfennig-Ärgernissen" wie im Straßenverkehr mit sich, Hunderte von „Fünfzig-Mark-Ereignissen" wie das Ausbleiben einer Gehaltserhöhung und viel zu viele „Fünftausend-Mark-Tragödien" wie den Tod eines geliebten Menschen. Zählen Sie all diese Ereignisse zusammen, und Sie erhalten als Summe ein reichlich schweres Leben. Wenn jemand nun alles, was geschieht, zu einem viel kostspieligeren Ereignis multipliziert, macht er sein Leben dadurch beinahe unerträglich. Keiner von uns ist in der Verfassung, mit einem so aufgeblähten Leben die ganze Zeit über fertig werden zu können.

Wie hätte sich Jill also verhalten können, als sie merkte, daß wegen der Unordnung im Wohnzimmer ihr Geduldsfaden zu reißen drohte? Ihre beste Möglichkeit war, sich klarzumachen, daß sie die Situation in diesem Moment „vergrößerte“. Wenn Ihnen gerade danach ist, jemanden zu erwürgen, ist es schwer, eine Verzerrung zu erkennen, aber mit dieser Erkenntnis ist schon die halbe Schlacht gewonnen. Nachdem Jill erkannt hätte, daß sie „aus einer Mücke einen Elefanten machte“, hätte sie versuchen können, das wahre Gewicht dieser Situation zu bestimmen und entsprechend zu reagieren. Das ist zweifellos leichter gesagt als getan, aber um ihrer emotionalen Gesundheit und ihrer Beziehung zu ihrem Sohn willen ist es der Mühe wert.

Alles persönlich nehmen

„Er kommt jeden Abend spät von der Arbeit nach Hause“, sagte Cindy in einer unserer Sitzungen. Sie und ihr Mann Paul kamen zu mir in die Eheberatung.

„Warum, glauben Sie, tut er das?“ fragte ich sie.

„Das liegt doch auf der Hand“, meinte sie, wobei sie ihre Arme verschränkte und sich selbst umarmte. „Er kommt später nach Hause, weil er nicht das kleinste bißchen Achtung vor mir hat. Er will nicht mit mir zusammen sein. Er liebt mich nicht mehr!“

Cindys Reaktion darauf, daß Paul so spät nach Hause kam, ist eine Form der Verzerrung, die *Personalisation* genannt wird. Bei dieser Verzerrung überschätzt eine Person, in welchem Ausmaß ein Ereignis sich auf sie selbst bezieht. *Alles wird persönlich genommen.*

Das tun wir alle, nicht wahr? Ob jemand uns komisch

anschaut, uns mitten im Satz unterbricht oder eine Verabredung mit uns vergißt – oft werden wir sein Verhalten so interpretieren, als wollte er uns absichtlich verletzen oder übergehen.

Paare neigen sehr stark zur Personalisation. Wenn ein Ehemann seine schmutzigen Socken auf dem Fußboden liegenläßt, zuviel trinkt oder nie reden möchte, nimmt seine Frau das persönlich. Wenn die Frau abends ständig zu irgendwelchen Veranstaltungen unterwegs ist, wenn sie nie ernst nimmt, was er sagt, wenn sie nie das Parfüm benutzt, das er so sehr mag, dann nimmt der Ehemann das persönlich.

Damit will ich nicht sagen, daß wir auf das, was unsere Ehepartner tun, gleichgültig reagieren sollten oder daß ihr Verhalten überhaupt nichts mit ihren Gefühlen uns gegenüber zu tun habe. Aber unsere Neigung zur Personalisation läßt uns anders reagieren, als es angemessen ist – was die Situation noch schlimmer macht. Nicht nur das ursprüngliche Problem bleibt bestehen, sondern wir fügen ihm auch noch unnötigerweise Zorn, Ärger und Bitterkeit hinzu.

Weil Paul immer zu spät nach Hause kam, hatte Cindy den Eindruck, daß er sie vernachlässigte. Das war die Grundaussage ihrer Personalisations-Lüge. Sie betrachtete seine Gewohnheit, sie zu ignorieren, und seine Neigung zu Überstunden als direkte Widerspiegelung seiner Gefühle ihr gegenüber. Über seine Arbeitssucht war sie wütend. Ich fragte sie, wie ich es meistens bei Patienten tue, die ein solches Problem persönlich nehmen: „Cindy, könnte es noch andere Gründe für sein ständiges Zuspätkommen geben?"

Sie runzelte die Stirn. „Ich vermute, daß das möglich wäre, aber ich kann mir spontan keinen denken."

„Gehen wir davon aus, daß es in jeder beliebigen Situation mindestens vier Erklärungen für das Verhalten eines Menschen gibt. Versuchen Sie, vier Dinge zu nennen, die erklären könnten, warum Paul zu spät kommt – abgesehen davon, daß er vielleicht schlecht von Ihnen denkt", sagte ich.

Sie saß schweigend da.

„Versuchen Sie es wenigstens, Cindy“, forderte ich sie schließlich auf.

Sie zog ein langes Gesicht. „Nun gut. Ich nehme an, er könnte einfach Probleme mit der Pünktlichkeit haben. Das war schon früher so, wissen Sie. Aber es handelte sich immer nur um ein paar Minuten, nicht um Stunden.“

„Gut“, sagte ich. „Das ist einer.“

„Ich vermute, er könnte seinen Chef beeindrucken wollen.“

„Das ist möglich“, sagte ich. „Es kann gut sein, daß seine Arbeit sein Selbstwertgefühl so sehr erhöht, daß er zum Workaholic geworden ist, um ein gutes Bild von sich selbst zu haben.“

„Mmmm“, antwortete sie. „Vielleicht.“

„Was wäre ein dritter Grund?“

„Er kann nicht nein sagen“, sagte sie mit zusammengebissenen Zähnen.

„Das ist sehr gut möglich“, sagte ich. „Besonders, wenn ihm seine Arbeit viel bedeutet. Und der vierte Grund?“

Sie schaute mir in die Augen. „Er will nicht bei mir zu Hause sein“, sagte sie trotzig.

„Nun, Ihnen wird sicher noch ein vierter Grund einfallen, der nichts mit Ihnen zu tun hat. Hat er Probleme mit menschlicher Nähe?“ fragte ich.

„Stimmt, die hat er. Er spricht nie über seine Gefühle. Ich muß ihm alles aus der Nase ziehen.“

„Das könnte der Grund für sein Zuspätkommen sein. Vielleicht hat er Angst vor menschlicher Nähe. Am Arbeitsplatz, wo er alles unter Kontrolle hat, fühlt er sich vielleicht sicherer. So bleibt er immer länger dort.“

Sie spitzte ihre Lippen und nickte. „Vielleicht. Aber ich glaube immer noch, daß er einfach nicht bei mir sein will.“

„Das kann zu einer sich selbst erfüllenden Prophezeiung werden“, sagte ich. „Wenn Sie seine Arbeitssucht auf sich persönlich beziehen und darauf mit Wut reagieren, wenn Sie ihn anschreien und schlecht behandeln, könnte er anfangen, über Sie und sein Zuhause so zu denken, wie Sie es nicht wünschen. Und dann bleibt er vielleicht noch länger bei der Arbeit."

Cindy antwortete nicht, aber an ihrem Gesicht war zu sehen, daß sie nur zu gut die Wahrheit dessen verstand, was ich sagte. Von allen möglichen Erklärungen dafür, daß Paul zu spät kommt, hatte sie sich ausgerechnet für die einzige entschieden, die etwas mit ihr persönlich zu tun hatte. Die Möglichkeit, sein Zuspätkommen könnte vielleicht gar nichts mit ihr zu tun haben, kam ihr nie ernsthaft in den Sinn.

„Moment mal!" sagen Sie jetzt vielleicht. „Pauls Arbeitssucht ist eine Beleidigung für Cindy, und es ist ihr gutes Recht, böse auf ihn zu sein, weil er sie vernachlässigt!" Natürlich ist da etwas Wahres dran, woran sich Ihre gerechte Empörung entzündet.

Betrachten Sie es jedoch einmal so: Wenn Cindy weiterhin böse auf Paul ist und versucht, ihn durch Haß und Zorn zu einer Veränderung zu bewegen, wird das Erfolg haben? Und wenn, wird der Erfolg Bestand haben?

Nach meiner Erfahrung bessern sich Situationen wie die von Cindy und Paul erst dann, wenn die verletzten Gefühle ausgemerzt sind und wenn sich die Aufmerksamkeit mehr darauf richtet, wer Paul ist – was ihn zu seinem Verhalten bewegt –, als darauf, wie es auf Cindy persönlich wirkt. Sobald sich die Diskussion auf weitere mögliche Erklärungen für das Verhalten des anderen richtet, beginnen die Patienten fast ausnahmslos zu erkennen, daß sie selbst gar nicht der wahre Grund für das Handeln des anderen sind.

Statt jede Kleinigkeit, die uns passiert, zu personalisieren, sollten wir also innehalten und eine sehr wichtige Frage stellen: Sagt das Verhalten des anderen etwas darüber aus, wie er ist? Oder sagt es etwas darüber aus, wie ich bin? Oder ein wenig von beidem?

Wie schlecht wir auch immer behandelt werden – wir müssen nicht das, was uns geschehen ist, als hundertprozentige Widerspiegelung dessen betrachten, wer *wir* sind. Wenn jemand im Straßenverkehr meine Stoßstange verbeult, kann ich sein Handeln so interpretieren: „Dieser Typ hat nicht viel Achtung vor mir!“ Oder ich kann die Schlußfolgerung ziehen: „Dieser Typ hat nicht viel Achtung vor anderen Fahrern, und ich bin zufällig derjenige, dem er seine Mißachtung jetzt gerade zeigt.“ Das klingt vielleicht wie Haarspalterei, aber diese beiden Sichtweisen bewirken vollkommen unterschiedliche emotionale Reaktionen. Die erste Aussage ist wie ein Schlag in *mein* Gesicht. Die zweite ist eine Beobachtung darüber, wer die andere Person ist – eine Person mit wenig Achtung vor anderen –, und die emotionale Reaktion auf dieses Stück Wahrheit ist wesentlich vernünftiger.

All das erinnert mich an ein Zitat, das ich sehr mag:

„Mit zwanzig machen wir uns Sorgen darum, was die anderen von uns denken. Mit vierzig ist uns egal, was sie von uns denken. Mit sechzig erkennen wir, daß sie überhaupt nicht an uns gedacht haben.“

Wenn Sie das nächste Mal jemand im Verkehr schneidet, wenn jemand vergißt, Sie zurückzurufen, oder wenn jemand die Zeitung auf der ganzen Couch verstreut liegenläßt, dann versuchen Sie daran zu denken: das, was andere tun, sagt im allgemeinen viel mehr über diese Leute aus als über Sie. Wie Sie darauf reagieren, sagt jedoch einiges darüber aus, wer *Sie* sind.

Schwarzweißdenken

„Du siehst alles nur schwarzweiß!“

Ist Ihnen das jemals vorgeworfen worden? Wenn ja, dann hat man Sie einer Form verzerrten Denkens beschuldigt, die *Polarisation* genannt wird. Dieses Denken zerschneidet die Welt in Schwarzweiß- und Alles-oder-nichts-Extreme.

Wenn Sie polarisieren, reagieren Sie auf Ereignisse oft entweder mit dem Gefühl „Das war phantastisch!" oder mit dem Gefühl „Das war schrecklich!". Zu Hause saugen Sie die Teppiche in geraden Linien und werden wütend, wenn Ihr Ehepartner sie in Schleifen saugt. Was die Menschen angeht, gibt es für Sie nur die Guten und die Bösen. Für Politiker zum Beispiel bringen sie entweder Bewunderung oder Verachtung auf. Diese Denkweise läßt sie die Graustufen des Lebens nicht einmal wahrnehmen, geschweige denn schätzen. Und wenn es sich nach innen richtet, kann ein solches polarisiertes Denken schweren emotionalen Schaden anrichten.

Eine ziemlich schlimme, nach innen gerichtete Form des polarisierten Denkens ist das Denken in den Kategorien „Lump oder Heiliger". Viele meiner Patienten betrachten sich selbst als vollkommen verdorben oder vollkommen heilig, oder sie wechseln zwischen den beiden Kategorien hin und her. In diesem Zusammenhang erinnere ich mich an ein Interview mit einem Schauspieler, das ich kürzlich las. Auf die Frage nach den Alkoholproblemen, die er als junger Schauspieler hatte, antwortete er, er sei ein „Größenwahnsinniger mit starken Minderwertigkeitsgefühlen" gewesen. Im Grunde sagte er, er sei hin und her gerissen gewesen zwischen dem Gefühl, ein Lump zu sein, und dem Gefühl, ein Heiliger zu sein. Wahrscheinlich suchte er im Alkohol eine Möglichkeit, den Schmerz einer solchen emotionalen Berg- und Talbahn zu betäuben.

Ich wäre unehrlich, wenn ich sagte, daß Menschen sich niemals wie Lumpen benehmen. Es wäre auch eine Lüge, zu sagen, daß Menschen sich niemals wie Heilige benehmen. Die Wahrheit ist, daß die meisten von uns gelegentlich beide Verhaltensweisen zeigen. Aber wir verzerren die Wirklichkeit, wenn wir in uns selbst und anderen nur die Extreme sehen.

Wenn wir uns selbst als „Lump" oder „Heiliger" bezeichnen oder eines dieser Etiketten einem anderen anhängen, versäumen wir es, den ganzen Menschen zu sehen. Nach innen gerichtet bringt das Etikett „Lump" nichts anderes als ein niedriges Selbstwertgefühl und Depressionen hervor, während das Etikett „Heiliger" Arroganz erzeugt und das Gefühl „ich bin heiliger als du."

Die „Heiligen" sind eine interessante Gruppe. In meinem Sprechzimmer haben schon Hunderte von Leuten gesessen, die in ihren schlimmsten Vorstellungen nicht geahnt hatten, sie könnten das tun, was sie später dann taten. Die Wahrheit über uns selbst ist, daß wir beinahe zu allem fähig sind. Die „Heiligen" glauben diese Wahrheit nicht – können sie nicht glauben. Wenn sie dann „fallen", sind sie einfach nur schokkiert über die „Unmöglichkeit" ihres Handelns. Im allgemeinen erfordert es ungemein harte Arbeit, solchen Leuten zu helfen, die Arroganz hinter ihrer Annahme zu erkennen, sie seien zu gut, um so etwas zu tun.

Obwohl sie es nie zugegeben hätte, sah sich Sally als eine Heilige. Ihr ganzes Leben lang hatte sie die Rolle des „netten Mädchens" gespielt. Sie wuchs in einer Gemeinde auf und war von Kindheit an in ein starkes Wertesystem eingebunden, so daß sie zu einer hochgradig moralistischen Erwachsenen, einer eifrigen Gemeindemitarbeiterin und einer bekannten Kommunalpolitikerin wurde. Da man Sally als ein besonders gutes Vorbild ansah, wurde sie ständig gebeten, mit Jugendlichen zu arbeiten. Sie wählte sogar einen Beruf, in dem sie anderen dienen konnte – sie verwaltete eine kirchliche Hilfsorganisation.

Wenn Sie Sally vor zwei Jahren gefragt hätten, ob sie jemals Ehebruch begehen würde, hätte sie entweder gelacht oder entrüstet abgewehrt. Doch genau das hat sie getan. Sie war seit Jahren mit einem Mann in ihrem Büro gut bekannt gewesen. Nach einer anstrengenden, aber erfolgreichen Spendenkampagne arbeiteten sie und der Mann eines Abends allein im Büro, und das Unvorstellbare geschah.

„Wie konnte ich das nur tun? Wie konnte ich das geschehen lassen?" weinte Sally in einer unserer ersten Sitzungen. Wie konnte sie ein solcher Lump sein? Das war ihre eigentliche Frage. Wie konnte ausgerechnet sie eine solche Sünde begehen?

„Ich fühle mich so schmutzig", sagte sie. Sie hielt Daumen und Zeigefinger einen halben Zentimeter auseinander. „So nahe bin ich daran, Selbstmord zu begehen. Wie konnte das geschehen?"

„Erzählen Sie mir von Ihrer Ehe. Sie sind doch verheiratet, oder?"

„Ja, ich bin verheiratet. Mit einem guten Mann. Was gibt es da noch zu erzählen?" sagte sie und blickte zu Boden.

„Wie lange sind Sie schon verheiratet?"

„Fünfzehn Jahre", antwortete sie und spielte an den Falten ihres Rocks. Sie hielt einen Moment inne, dann fuhr sie fort: „Das einzige, was mich an ihm stört, ist, daß er nicht besonders zärtlich ist. Er hält nicht viel von Berührungen. An dem Punkt ist er ganz ähnlich wie mein Vater. Aber sonst ist er wirklich ein guter Mann." Schließlich blickte sie auf. „Diese Sache würde ihn umbringen. Er vertraut mir blind."

„Wann haben Sie das letzte Mal Zärtlichkeiten mit Ihrem Mann ausgetauscht?" fragte ich.

Sie dachte eine Weile nach. Dann schüttelte sie den Kopf. „Ich kann es Ihnen nicht sagen. Ist das nicht furchtbar? Ich vermute, ich habe es nach einer Weile aufgegeben." Sie starrte mich an. „Aber dadurch wird das, was ich getan habe, nicht richtiger, oder?! Ausgerechnet ich! Wie kann ich je wieder zur Arbeit zurückkehren? Wie kann ich noch jemandem in die Augen schauen – besonders, wenn es herauskommt!"

„Ausgerechnet ich!", das war genau der Gedanke, der sie ins Schleudern brachte. Solche Arroganz ist das vollkommene Beispiel für Salomos Ausspruch „Hochmut kommt vor dem Fall." Warum? Haben Sie schon einmal bemerkt, daß Sie in einem Bereich, von dem Sie wissen, daß Sie darin Schwächen haben, größere Vorsicht walten lassen? Was ist zum Beispiel, wenn Sie ein schlechter Schwimmer sind? Würden Sie dann nicht eine Schwimmweste tragen oder im Wasser vorsichtig sein? Oft sind es diejenigen, die Ihr eigenes Können als Schwimmer überschätzen, die dann ertrinken.

Eine bessere Analogie wäre vielleicht der tote Winkel beim Autofahren – jener Punkt, den Sie weder im Außenspiegel noch im Innenspiegel beobachten können. Wenn Sie wissen, daß Ihr Wagen einen toten Winkel hat, dann verlassen Sie sich nicht mehr so sehr auf die Rückspiegel.

Stolz kann die Voraussetzungen dafür schaffen, daß Sie Sünden begehen – denn er hält Sie davon ab, auf Ihren toten Winkel zu achten. Sie haben keinen, sagen Sie? Sally ging es genauso. Sie hatte ein ungestilltes Bedürfnis nach männlicher Aufmerksamkeit und Zuneigung, das bis zu ihrem Vater zurückreichte. Wie viele andere Frauen hatte sie einen Mann geheiratet, der ihrem Vater sehr ähnlich war, und so mußte sie ihr Bedürfnis nach Zuneigung woanders stillen. Sie stillte es mit öffentlichen Tätigkeiten; sie stillte es mit Jugendarbeit. Sie stillte es mit Aktivitäten, die ihr Anerkennung einbrachten. Doch in einem Moment, wo sie nicht damit rechnete, stillte sie es auf eine unannehmbare Weise – mit einem Mann, dessen Gesellschaft sie seit Jahren genossen hatte. Ihr Bedürfnis überwand ihre strengen moralischen Maßstäbe. Und sie sah das noch nicht einmal kommen.

Würde es Sie überraschen, wenn ich sagte, daß auch hinter der Überzeugung, Sie seien viel schlechter als alle anderen, letztlich Arroganz steht? Auch diese Behauptung setzt voraus, daß Sie etwas Besonderes sind. Genausogut könnten Sie sagen: „Ich bin ein so schrecklicher Sünder, daß ich weit über euch mittelmäßigen Sündern stehe." Beide Lügen, die vom Lumpen und die vom Heiligen, beinhalten einen falschen, verzerrten Glauben an die eigene Güte oder Schlechtigkeit, der in beiden Fällen nicht der Wirklichkeit entspricht.

Offensichtlich gibt es bestimmte Dinge, die tatsächlich schwarzweiß sind und die wir auch so betrachten müssen. Die Existenz Gottes zum Beispiel ist meiner Meinung nach eine Schwarzweiß-Frage. Entweder er existiert, oder er existiert nicht. Dementsprechend war Jesus Christus entweder

der menschgewordene Gott, oder er war es nicht. Auch Vergehen gegen die Gemeinschaft wie Mord und Diebstahl sind Schwarzweiß-Fragen. Ich glaube nicht, daß wir es uns leisten können, in solchen Dingen Graustufen zuzulassen.

Polarisiertes Denken jedoch nimmt das ganze Leben und zwingt es in ein Schwarzweiß-Format. Wenn die Dinge, um die es geht, tatsächlich schwarzweiß sind, dann ist das kein Problem. Wenn sie jedoch grau sind – wie es oft der Fall ist – dann bewirkt polarisiertes Denken unnötigerweise Zorn und Verletzungen. Es kommt darauf an, flexibel genug zu sein, um die Graustufe einer Situation richtig einzuschätzen; schwarz als schwarz, weiß als weiß und alles, was dazwischen liegt, in seiner jeweiligen Graustufe zu erkennen. Wir müssen in der Lage sein, unseren Verstand zu gebrauchen und die Dinge eine Stufe zutreffender zu beurteilen.

Den Wald vor lauter Bäumen nicht sehen

Ein Ableger der Polarisations-Lüge ist die sogenannte *selektive Abstraktion* – jene Verzerrung, bei der man unter bestimmten Gesichtspunkten eine besondere Einzelheit aussondert (selektiert) und allein sie betrachtet. Das heißt, daß man „den Wald vor lauter Bäumen nicht sehen" kann. Konzentrieren Sie sich manchmal auf Kleinigkeiten, und schließen Sie dabei alles andere aus Ihrem Blickfeld aus? Ist es Ihnen zum Beispiel schon einmal passiert, daß Sie mitten in einer Gesprächsrunde auf einer Party etwas ziemlich Albernes sagten und sich dann den ganzen Abend über Ihre Bemerkung ärgerten?

Lee, eine Bekannte von mir, war in ihrem Beruf gerade befördert worden. Die Beförderung brachte jedoch eine gewisse zusätzliche Belastung mit sich, und Lee war sich nicht sicher, ob sie damit fertig werden würde. Eines Tages lief sie mir über den Weg, und ich merkte sofort, daß sie außer Fassung war.

„Ich hab's vermasselt! Ich weiß genau, den Job bin ich los", rief sie. „Das hättest du sehen sollen! Ich saß in einem eleganten Restaurant mit meinem Chef und einem wichtigen Kunden. Und ich lasse natürlich prompt meine Gabel fallen. Ich meine, ich lasse sie nicht einfach fallen; ich schmeiße sie durch die Gegend! Sie machte mir einen riesigen Fleck aufs Kleid und sprang ungefähr fünfzigmal auf dem Boden herum. Für den Rest des Essens brachte ich außer einem Murmeln nichts mehr heraus."

Ungefähr zehn Minuten lang fuhr sie in dieser Weise fort. Schließlich sagte ich: „Nun, Lee, ist denn nicht auch etwas Erfreuliches passiert?"

„Wenn du Lachen ‚erfreulich' nennst! Das tat nämlich der Kunde. Er sagte: ‚Machen Sie sich keine Gedanken deswegen.' Und dann rief er den Kellner und ließ mir eine neue Gabel bringen."

„Und?"

„Wir haben den Auftrag bekommen, aber ich wette, mein Chef wird mir nicht noch einmal so eine Sache anvertrauen!"

„Lee, eigentlich klingt das, als ob alles prima geklappt hätte. Vielleicht hast du dem ganzen Treffen sogar eine menschliche Note gegeben."

„Was? Wie? Das kann ich einfach nicht glauben. Es war schrecklich!"

Trotz all dem, was gutgegangen war, hatte Lee nur Augen für das, was schiefgelaufen war. Ich machte sie auf ihre Lüge der „selektiven Abstraktion" aufmerksam und half ihr zu erkennen, wie sie dadurch emotional beeinflußt wurde. Seit dieser Zeit arbeitet sie daran, diese Lüge in ihrem Leben zu überwinden, was sehr zur Verbesserung ihres emotionalen Wohlbefindens beiträgt.

In meiner Zeit als Universitäts-Dozent hielt ich eine Einführungsvorlesung in Psychologie mit einer durchschnittlichen Beteiligung von etwa hundert Studenten. Während meiner Vorlesungen ließ ich oft meinen Blick durch den Hörsaal schweifen und bemerkte die Studenten, die mir nicht zuhörten. Manche dieser Studenten wirkten gelangweilt, andere unterhielten sich mit ihren Nachbarn, wieder andere sahen so aus, als lägen sie halb im Koma. Von den hundert Studenten, die vor mir saßen, machten diejenigen, die mir nicht zuhörten, vielleicht fünf Prozent aus – doch ich ertappte mich oft dabei, daß ich nur diese Studenten im Blick hatte und die anderen fünfundneunzig Prozent, die mir Aufmerksamkeit schenkten, aus meiner Wahrnehmung ausschloß. Am Ende empfand ich Angst und Niedergeschlagenheit, wenn ich an meine Fähigkeiten als Dozent dachte. Dadurch, daß ich „den Wald vor Bäumen nicht sah", hatte ich ein schlechtes Gefühl über etwas, das eigentlich ein positiver Bereich meines Lebens war.

Viele Psychiatrie-Patienten befinden sich in stationärer Behandlung, weil sie dazu neigen, nur auf das zu sehen, was mit ihnen nicht stimmt, anstatt auf das, was in Ordnung ist. Es ist, als hätten sie eine Art „Fehlersuchbrille" auf, die nur das Schlechte durchläßt. Wenn Sie nur noch das Schlechte sehen, lassen Depressionen nicht lange auf sich warten.

Es ist nicht schwer, im täglichen Leben Beispiele dafür zu finden. Ein Mensch arbeitet vielleicht den ganzen Tag über hart und erinnert sich abends nur noch an das, was er falsch gemacht hat, nicht an das, was er gut gemacht hat. Eine Hausfrau gibt sich gewaltige Mühe, ihr Haus in Ordnung zu bringen, doch wenn der Tag vorüber ist, hat sie nur noch Augen für das, was sie nicht geschafft hat. Ein Tennisspieler bringt zehn gute Schläge an und schlägt dann einmal daneben, und dann denkt er nur noch an den verfehlten Schlag. Ein Elternteil ignoriert sein Kind, solange es sich gut beträgt, und wird nur dann aufmerksam, wenn es sich schlecht benimmt.

Ich habe auch schon erlebt, wie manche Christen die Bibel mit selektiver Abstraktion lesen. Solche Christen achten beispielsweise nur auf die Verse, die mit Gericht oder Sünde oder Werken zu tun haben, während sie Aussagen über Gnade und Vergebung übersehen. (Natürlich gibt es auch die umgekehrte Verzerrung: Sich nur an die Verheißungen zu erinnern und Gottes Warnung, daß das Leben schwierig sein kann, zu mißachten.) Oft scheint es, als würden diese selektiv abstrahierenden Leser eine Ausgabe der Bibel besitzen, in der von vornherein alle Höllen- und Gerichtsaussagen mit Fettdruck hervorgehoben sind. Wen wundert es, daß solche Christen im allgemeinen stärker von Sorgen, Ängsten, Depressionen und Schuldgefühlen verfolgt werden als solche, die in der Lage sind, die ganze Bibel im Blick zu behalten?

Ob dieses selektive, aussondernde Denken nun unser Bild von unserer eigenen Persönlichkeit, von dem Verhalten anderer oder von den Lehren der Bibel beeinflußt – wir verschwenden in jedem Fall viel zuviel von unserer kostbaren Zeit und Energie damit.

„Es ist immer das alte Lied!“

Larry kam wegen seiner Gewichtsprobleme zu mir. Er war ein zwanghafter Esser. Er aß, wenn er sich schlecht fühlte – das aber brachte ihn zur Verzweiflung, weswegen er erneut Essen in sich hineinstopfte, was wiederum zu Übergewicht führte. Es war ein Teufelskreis!

„Ich werde es nie schaffen, damit aufzuhören“, klagte er. „Ich werde immer dick sein. Dem muß ich ins Auge sehen.“

Haben Sie die beiden Schlüsselwörter in seiner Aussage bemerkt? „Nie“ und „immer“. Diese beiden Wörter sind der Schlüssel zu einer Form des verzerrten Denkens, die *Überverallgemeinerung* genannt wird. Bei dieser Verzerrung führt jedes Ereignis oder Verhalten – ob man nun zwischendurch etwas ißt, in einer Prüfung durchfällt oder mit dem Ehepartner streitet – zu der Lüge, die Zukunft werde unausweichlich immer wieder das gleiche bringen. Es ist angeblich immer wieder das alte Lied.

Viele meiner stationär behandelten Patienten betreiben Überverallgemeinerung in bezug auf ihre geistige Gesundheit. Oft befürchten sie, daß sich ihr Zustand niemals bessern werde. Wenn sie zu diesem Schluß kommen, setzen sie dabei typischerweise die gleichen Denk- und Handlungsweisen fort, die sie überhaupt erst haben krank werden lassen. Meine Antwort darauf besteht darin, daß ich sie ansporne, jeden Tag als eine einzigartige Möglichkeit anzusehen, den Lauf der Dinge umzukehren. Häufig wehren sie sich dagegen, aber ihr Zustand kann sich tatsächlich nur schwerlich bessern, solange sie sich dazu verdammt fühlen, die Fehler und schmerzlichen Erfahrungen der Vergangenheit zu wiederholen.

Überverallgemeinerung ist auch bei Ehepaaren eine verbreitete Art zu denken. „Wir werden nie lernen, miteinander auszukommen" erklären viele Paare, und dann fallen sie zurück in die alten Verhaltensmuster des Bekrittelns und Nörgelns – die tatsächlich verhindern, daß sie jemals glücklich sein werden. Wenn die Prophezeiung sich dann selbst erfüllt, sagen diese Paare: „Seht, ich wußte, daß wir niemals miteinander auskommen würden!" Die Therapie ist für solche Paare immer ein Kampf. Fast scheint es, als ob sie lieber mit ihrer Überverallgemeinerung recht hätten und unglücklich wären, als unrecht zu haben und glücklich zu sein.

„Larry", sagte ich zu meinem übergewichtigen Patienten, „ich möchte Ihnen eine Frage stellen. Mußten Sie in den letzten Jahren irgendeine neue Fähigkeit erlernen?"

„Wie meinen Sie das? So etwas wie den Umgang mit dem blöden Computer bei der Arbeit? Ich dachte, ich würde wahnsinnig", sagte er und verdrehte die Augen. „Ich hätte nie auch nur versucht, zu lernen, wie man das verrückte Ding bedient, wenn mein Job nicht auf dem Spiel gestanden hätte. Ich brauchte ewig dazu."

„Okay", sagte ich. „Bevor Sie anfingen, waren Sie da der Meinung, sie würden nie in der Lage sein, den Computer zu bedienen?"

„Und ob! Ich konnte noch nicht einmal tippen!" rief er aus und warf die Arme hoch. „Ich war sicher, daß sie mir das Gehalt kürzen würden."

„Während Sie versuchten, es zu lernen, glaubten Sie da, es je zu schaffen?“ fragte ich.

„Ich dachte, ich würde es nie kapieren“, stöhnte Larry. „Der erste Monat brachte mich um. Tausendmal habe ich daran gedacht, aufzugeben und einzupacken.“

„Sie dachten, Sie würden es niemals schaffen. Sie dachten, Sie würden immer ein Computer-Analphabet bleiben. Sie waren so überzeugt davon, daß die Aufgabe zu einem Berg anzuwachsen schien. An jedem Tag wußten Sie einfach, daß Sie scheitern würden, aber Sie versuchten es an jedem Tag von neuem, richtig?“ lockte ich ihn.

„Nun ja, so war es“, stimmte Larry zu.

„Und was passierte dann?“ fragte ich.

Er zuckte die Achseln. „Ich habe es gelernt. Ganz langsam fiel der Groschen, und ich fing an, es zu verstehen; und jetzt komme ich ganz gut zurecht.“

„Sie haben diese Überverallgemeinerung durchbrochen, nicht wahr, Larry?“

Larry lächelte ein wenig überrascht. „Ja, ich glaube schon.“ Dann schaute er mich von der Seite an, als sei ihm ein Licht aufgegangen. „Und nun meinen Sie, ich kann auch diese hier durchbrechen?!“

„Sie haben es einmal geschafft, oder nicht?“ erinnerte ich ihn, während ich beobachtete, wie er sich an den Gedanken zu gewöhnen begann.

Obwohl er mir immer wieder erzählte, sein Eßproblem sei etwas ganz anderes, wußten wir beide, daß sein Argument hohl war. Er konnte nicht mehr über die Tatsache hinwegsehen, daß er einmal mit einem angeblich unüberwindlichen Problem fertig geworden war – und er wußte, das hieß, er würde auch andere lösen können. Nach ein paar Wochen konnte er schon besser gegen sein übermäßiges Essen ankämpfen. Larry hatte die schlichte Wahrheit herausgefunden, daß die Karten, die wir ausgeteilt bekommen (oder uns selbst austeilen) nicht dieselben sein müssen, die wir am Ende in der Hand halten. Die Fünf in der ersten Prüfung muß nicht der Note am Ende des Studiums entsprechen. Der schlechte Anfang mit einem Kollegen muß nicht zu einer schlechten Beziehung führen. „Immer“ und „niemals“ müssen nicht in allen Diskussionen über die Zukunft gegenwärtig sein. Es ist nicht immer wieder das alte Lied. Wir *können* uns verändern.

„Wenn ich es fühle, stimmt es auch!“

„Ich bin wertlos“, sagte mir Angela eines Tages während unserer Sitzung. Angela war eine attraktive Frau Ende dreißig, die seit zehn Jahren geschieden war und nun an eine neue Heirat dachte. „Ich weiß, daß ich mit dieser neuen Ehe scheitern werde, wie mit allem, was ich tue. Ich sage Ihnen, ich bin wertlos.“

„Beweisen Sie mir das“, sagte ich, sehr zu ihrer Überraschung.

„Wie weit soll ich ausholen?“ fragte sie sarkastisch. „In der High School habe ich meine beste Freundin belogen, nachdem ich mit ihrem Freund ausgegangen war. Das tat ich oft. Im College nahm ich Drogen. Und ich verheimlichte meinen Freundinnen nicht nur, daß ich mit ihren Freunden ausging, sondern ich schlief auch noch mit den Männern – nicht mit einem oder zweien, sondern mit dem ganzen College. Dann flog ich vom College. Ich heiratete diesen Mann, den ich nicht liebte, der aber Geld besaß, und als ich ihn satt hatte, fing ich an, mit anderen Männern herumzulaufen, bis er die Scheidung einreichte. Soll ich weitermachen?“

„Das sind vergangene Geschichten“, sagte ich. „Im übrigen haben Sie mir bis jetzt nur bewiesen, daß Sie fähig sind, falsche Dinge zu tun. Ich möchte den Beweis hören, daß Sie wertlos sind. Macht es einen Menschen wertlos, wenn er falsche Dinge tut?“

„Nun, eigentlich nicht, wenn Sie es so ausdrücken“, sagte sie; aber ich spürte, daß sie nicht völlig überzeugt war.

„Warum glauben Sie dann, daß das, was Sie getan haben, Sie wertlos macht?“

Ihre abwehrende Haltung ließ etwas nach. „Ich nehme an, weil ich mich wertlos fühle. Ich habe ein paar ziemlich wertlose Dinge getan, das müssen Sie zugeben“, sagte sie.

Angela fühlt sich wertlos; deshalb ist sie wertlos. Das war es, was sie mir sagte. Ihre Antwort ist ein perfektes Beispiel für *emotionales Denken.* Dies ist die Verzerrung, die besagt: „Weil ich das Gefühl habe, daß es wahr ist, muß es wahr sein.“ Normalerweise ist diese verzerrte Art zu denken nicht offen sichtbar. Sie wird durch andere Lügen maskiert und sorgt dafür, daß diese Lügen wie Wahrheiten erscheinen. In Angelas Fall zum Beispiel nährte ihr emotionales Denken die Lüge „Ich bin nur so gut wie das, was ich tue“. Emotionales Denken kann Gefühle wie Tatsachen erscheinen lassen.

Doch Gefühle sind einfach nur Gefühle. Sie sind sehr veränderlich, schwer vorauszusagen, und oft entspringen sie aus irrationalen und unrealistischen Gedankengängen.

Ich hoffe, Sie können verstehen, daß Gefühle oft ein unzuverlässiges Bild von den Tatsachen vermitteln. Doch in unserer Kultur werden die Gefühle beinahe angebetet. „Wenn du dich gut dabei fühlst, dann tu es“; das ist eine der Aussagen, mit denen wir rechtfertigen, daß wir unsere Gefühle zum höchsten Kriterium für unsere Entscheidungen erheben.

Wie würde Ihr Leben aussehen, wenn Sie stets nur Ihren Gefühlen folgten? Wenn es Ihnen so geht wie mir, dann würden Sie alles kaufen, was Sie sehen, Leute erschießen, weil Sie Ihnen auf der Straße den Weg abschneiden, und sich auf die Bahamas davonmachen. Ein Leben, das auf Gefühle aufgebaut ist, wäre bestenfalls chaotisch.

Ich will damit nicht sagen, daß man seine Gefühle ignorieren sollte. Gefühle verleihen dem Leben viel Reichtum und Würze, und sie sollten bei Entscheidungen ernsthaft in Betracht gezogen werden. Aber sie sollten nicht der einzige Gesichtspunkt sein.

Stellen Sie sich jemanden vor, der entscheiden muß, welchen Job er annehmen will. Verließe sich der Betreffende nur auf seine Gefühle, so würde er möglicherweise einige wichtige Fragen nicht stellen, die ihm Auskunft über entscheidende Tatsachen vermitteln könnten: Bin ich für diesen Job qualifiziert? Bestehen Aufstiegsmöglichkeiten? Arbeiten die jetzigen Angestellten gerne dort? In allen Situationen ist eine gute Entscheidung sowohl von Tatsachen als auch von Gefühlen abhängig.

Denken Sie an wichtige Entscheidungen, die Sie getroffen haben. Waren in den entscheidenden Augenblicken Ihre Gefühle ausschlaggebend? Oder die Tatsachen? Oder eine Kombination aus beidem? Waren die vom Gefühl bestimmten Entscheidungen besser als die von den Tatsachen bestimmten? Oder umgekehrt? Ich glaube, Sie werden feststellen, daß große und kleine Entscheidungen viel besser ausfallen, wenn sie sowohl mit dem Kopf als auch mit dem Herzen getroffen werden.

Manche Paare, die in mein Sprechzimmer kommen und heiraten möchten, rufen bei mir die Sorge hervor, daß sie ihre Entscheidung allein auf der Grundlage ihrer Gefühle treffen. Sie sagen: „Wir lieben uns so sehr! Wir können uns nicht vorstellen, irgendwelche Probleme zu haben!“

Oft bin ich dann drauf und dran zu sagen: „Nun, Sie sollten es sich aber vorstellen, denn es wird passieren. Sobald die Samthandschuhe abgelegt sind und der Glanz verflogen ist, werden Sie sich wünschen, Sie hätten Ihre Wahl nicht allein von Ihren Gefühlen bestimmen lassen.“

In meinen Ehevorbereitungs-Sitzungen verbringen wir viel Zeit damit, herauszufinden, wer diese beiden Menschen eigentlich sind: Können sie gut miteinander reden? Lösen sie ihre Konflikte richtig? Haben sie viele gemeinsame Interessen? Sind sie dadurch, daß sie ein Paar wurden, geistlich gewachsen? Diese kalten, harten Tatsachen müssen unsere Gefühle leiten, wenn wir ein holpriges Eheleben vermeiden wollen.

Leider wird es viel schwieriger, Leuten zu helfen, wenn sie

meinen, ihre Gefühle entsprächen immer den Tatsachen. Angela zum Beispiel sah ihr Gefühl der Wertlosigkeit wie eine Tatsache an, und so hatte sie sich selbst in einer Position verschanzt, die es beinahe unmöglich machte, ihr zu helfen. Wer kann schon über „Tatsachen" diskutieren? Sie hatte das, was sie getan hatte, zu der „ganzen" Angela werden lassen – zu ihrer ganzen Persönlichkeit. Ihr Auftreten entsprach ihrem Selbstwertgefühl. Also versuchte ich, ihr Problem von dieser Beobachtung her anzugehen.

„Angela, was empfinden Sie, wenn Sie sich gut verhalten?"

„Ich fühle mich trotzdem schlecht", antwortete sie.

„Sagt das Gute, das Sie tun, nicht ebensoviel darüber aus, wer Sie sind?"

„Wie meinen Sie das?"

„Sie scheinen sich sehr leicht davon überzeugen zu lassen, daß Sie schlecht sind", sagte ich. „Ich möchte, daß Sie einen bestimmten Gedanken in Betracht ziehen. Sind Sie sicher, daß Sie sich nicht schlecht fühlen *wollen*?"

„Moment mal!" sagte sie und stand beinahe aus ihrem Sessel auf. „Warum in aller Welt sollte sich ein halbwegs vernünftiger Mensch schlecht fühlen *wollen*?"

„Das frage ich Sie", sagte ich. „Sie fühlen sich schlecht, oder? Sie wollen sich selbst Ihre Vergangenheit nicht vergeben und haben sich selbst für die Zukunft abgeschrieben."

Sie lehnte sich zurück, schaute mich einen Augenblick lang verdutzt an und sagte dann: „Wenn das stimmt, wie kann ich meine Gefühle verändern?"

„Lassen Sie für den Anfang Ihre Gefühle einfach Gefühle sein, anstatt sie zu unveränderlichen Tatsachen zu erheben", erklärte ich. „Und besinnen Sie sich darauf, wer Sie in Wahrheit sind und was Sie aus sich machen können. Andernfalls werden Ihre Gefühle Ihr Selbstbild unabänderlich werden lassen."

Angela muß sich – wie wir alle – dazu entschließen, Ihre Gefühle zu zügeln, während sie die Tatsachen bedenkt.

Andernfalls wird sie immer eine Gefangene ihrer Gefühle und der Lügen bleiben, die diese Gefühle ihr einreden.

Wie Sie Ihre Lügen überwinden können

Bisher haben wir drei Übungen beschrieben:

- wie Sie durch die ABC-Methode Ihre Lügen sichtbar machen,
- wie Sie durch die ABCDE-Methode Ihren Lügen entgegentreten,
- und wie Sie durch bildhafte Vorstellungen in Belastungssituationen wahrheitsgemäßes Denken einsetzen.

In diesem Kapitel möchte ich Ihnen zwei weitere Übungen nahelegen. Bei der ersten geht es darum, Verzerrungen in der Wahrnehmung aufzudecken – sie soll Ihnen also helfen, anhand der ABC-Methode die Verzerrungen in Ihrem Denken herauszufinden, wie wir sie in diesem Kapitel besprochen haben. Zeichnen Sie so oft wie möglich Ihre täglichen Gedanken nach der ABC-Methode auf; dann lesen Sie sie noch einmal durch und versuchen, die verzerrten Wahrnehmungen in Ihrem Selbstgespräch zu erkennen.

Was bringt Ihnen das? Sie werden Einblick gewinnen, für welche besonderen Verzerrungen Sie am anfälligsten sind. Sobald Sie die Verzerrungen in Ihrem Leben klarer sehen, können Sie ein neues Selbstgespräch (D) einsetzen, um andere, unverzerrte Erklärungen für die Dinge aufzulisten, die Ihnen geschehen. Wenn Sie zum Beispiel ständig Ihren Blick auf negative Dinge richten anstatt auf umfassendere positive Situationen, dann sollten Sie Ihr Selbstgespräch darauf richten, den ganzen „Wald“ zu sehen, nicht nur die verfaulenden Bäume, über die Sie stolpern.

Erinnern Sie sich an Larry, meinen übergewichtigen Patienten? Er war überzeugt davon, daß er sich nie ändern könnte. Es sei eben immer wieder das alte Lied. Ich schlug Larry vor, all die negativen Gedanken, die ihm im Laufe eines Tages durch den Kopf gingen, aufzuschreiben. Dann bat ich ihn, sie am Ende des Tages durchzugehen und schriftlich ein Selbstgespräch dazwischen zu setzen. Unter jeden negativen Satz sollte er einen positiven schreiben. Dabei konnte er sich an Erfahrungen halten, wie er schon früher alte Gewohnheiten überwunden hatte – zum Beispiel, als er den Umgang mit dem Computer lernte. Nach nur wenigen Wochen dieser Therapie hatte sich seine Einstellung erstaunlich verbessert. Er begann, sein eigenes Verzerrungsmuster zu erkennen und sogar etwas Konkretes dagegen zu unternehmen.

Wenn Sie ein Tagebuch führen und das Geschriebene benutzen, um Einsichten in Ihre eigenen Verzerrungsmuster zu gewinnen, können Sie ihre Neigung zur Verzerrung verringern. Dadurch wiederum werden all die unnötigen emotionalen Beeinträchtigungen zurückgehen, die diese Verzerrungsmuster Ihnen verursachen.

Bei der zweiten Übung dieses Kapitels geht es um einen Vorgang, der „Gegenteiliges Denken“ genannt wird. Er ist überraschend leicht. Denn die Lügen, die Sie glauben, sind häufig das genaue Gegenteil der Wahrheit. Also können Sie ganz einfach der Wahrheit in jeder beliebigen Situation näherkommen, indem Sie sich zwingen, das Gegenteil Ihrer Lüge zu betrachten. Schauen wir uns an, welche Wirkung diese Übung auf einen meiner Patienten hatte, den Sie bereits kennen, und dann können Sie diese Technik auf eine Ihrer eigenen Lügen anwenden.

Jim, mein Patient aus dem zweiten Kapitel, glaubte der Lüge, er müsse perfekt sein. „Die Menschen werden mich nicht mögen, wenn ich nicht vollkommen bin“, bekannte er mir eines Tages.

„Jim“, sagte ich, „wie könnte das Gegenteil dieser Überzeugung lauten?“

Er schwieg einen Augenblick verdutzt. „Nun, daß die Leute mich nicht mögen, wenn ich vollkommen bin.“

„Schön, und was scheint Ihnen näher an der Wahrheit zu sein?“ fragte ich.

Er kratzte sich am Kinn. „In mir steckt immer noch das Gefühl, daß mich die Leute nicht mögen, wenn ich nicht vollkommen bin. Aber wenn Sie mich so fragen, dämmert mir, daß es den Leuten vielleicht ganz schön schwerfiele, mich zu mögen, wenn ich vollkommen wäre.“

„Weiter!“

„Nun, ich glaube, wenn ich vollkommen wäre“, sagte Jim stirnrunzelnd, „könnten sich die Leute dadurch bedroht fühlen. Es fiele ihnen vielleicht schwer, in meiner Nähe zu sein, weil ich sie daran erinnern könnte, daß sie nicht vollkommen sind.“

„Okay“, sagte ich. „Nun beantworten Sie mir folgende Frage: In wessen Gesellschaft fühlen Sie sich wohler – mit Leuten, die so tun, als seien sie vollkommen, oder mit Leuten, die sich damit zufriedengeben, unvollkommen zu sein?“

Jim zuckte die Achseln und antwortete widerstrebend: „Wenn ich ehrlich bin, müßte ich wohl sagen, mit den Unvollkommenen.“

„Warum?“

„Bei denen fühle ich mich entspannter. Ich habe nicht so stark das Gefühl, von ihnen beurteilt zu werden, als wenn sie vollkommen wären.“

„Und wie, glauben Sie, empfinden das andere Menschen? Meinen Sie, daß sie Ihnen zustimmen würden? Daß sie Sie vielleicht mit all Ihren Unvollkommenheiten mögen, eben weil diese Unvollkommenheiten es leichter machen, mit Ihnen zusammenzusein?“

Jim schüttelte den Kopf und grinste spöttisch. „So habe ich es bisher noch nicht gesehen. Ich verstehe, was Sie sagen wollen.“

Gegenteiliges Denken half Jim, seine Lüge aus einer anderen Perspektive zu sehen. Versuchen Sie es. Denken Sie an eine Situation, die Sie über alle maßen vergrößern.

„Es war einfach schrecklich, fürchterlich, katastrophal!" sagen Sie vielleicht als Reaktion darauf.

Nun denken Sie an das Gegenteil. Was würden Sie sagen? Wie wäre es etwa damit: „Was mir gerade passiert ist, war geringfügig, bedeutungslos und unwichtig!"?

In den meisten Fällen wird der gegenteilige Gedanke näher bei der Wahrheit liegen. Gegenteiliges Denken kann Ihnen helfen, Ihre Sicht dessen, was Ihnen in Ihrem Leben widerfährt, wieder ins Gleichgewicht zu bringen. Das Gegenteil unserer Lügen mag zwar auch nicht immer wirklich wahr sein – anders gesagt, was Ihnen passiert ist, ist vielleicht *nicht* völlig geringfügig, bedeutungslos und unwichtig –, aber indem Sie das Gegenteil Ihrer Lügen bedenken, wird es für Sie leichter, ein Ereignis in den richtigen Proportionen zu betrachten. Dann liegt es bei Ihnen, angemessen zu reagieren. Sie sind dann derjenige, der bestimmt, wo es langgeht – nicht mehr Ihre Lüge.

Religiöse Lügen

Unser Denken steckt in eingefahrenen Bahnen fest, in einem Denkmuster, das dem Willen Gottes entgegengesetzt ist. Das Gelingen des christlichen Lebens hängt davon ab, daß wir uns aus dieser Gewohnheit lösen und eine Bahn betreten, die durch biblische Wertvorstellungen und Denkweisen gekennzeichnet ist.

Doug Moo[1]

Diane ist der Prototyp des gläubigen Durchschnittschristen.

Als sie ein Kind war, nahmen ihre Eltern sie mit in die Gemeinde, wann immer es dort eine Veranstaltung gab. Sie nahm jedes „Du sollst" und „Du sollst nicht" des Christentums ohne Widerspruch an und lernte ihre biblischen Lektionen gründlich. Doch als sie älter wurde, fand sie die Gemeinde nicht mehr so aufregend und faßte sie mehr als eine Art Verpflichtung auf. Manchmal fragte sie sich sogar, ob sie wirklich gerettet sei. Als sie zu mir kam, wollte sie mit mir über Gott reden.

„Mir ist, als sei Gott so fern", sagte sie während unserer zweiten Sitzung.

„Erzählen Sie mir mehr", forderte ich sie auf.

„Nun", sagte sie stirnrunzelnd, „immer wenn ich sündige, habe ich das Gefühl, daß er mich haßt."

„Sie haben also den Eindruck, daß seine Liebe zu Ihnen von Ihrem Verhalten abhängig ist?"

„Ja, ich glaube, das ist es", meinte sie, „denn wenn ich nicht sündige, empfinde ich seine Liebe sehr stark."

„Wenn Sie das Gefühl haben, daß er Sie haßt, was geschieht dann?"

Einen Moment lang antwortete sie nicht, dann murmelte sie: „Ich verstecke mich vor ihm."

Ich schaute sie ein wenig ratlos an.

Ihr war klar, daß sie das deutlicher erklären mußte, aber sie sah aus, als ob sie eigentlich keine Lust dazu hätte. Schließlich sagte sie: „Ich meine, ich gehe nicht in die Gemeinde. Ich lese nicht in der Bibel. Ich bete nicht. Und ich vermeide jeden Kontakt mit meinen quicklebendigen gläubigen Freunden."

„Sie treten den Rückzug an, ist es das?" sagte ich.

„Ja", gab sie zu.

Ich dachte einen Moment nach, dann fragte ich sie: „Fühlen Sie sich besser, wenn Sie das tun? Genießen Sie es?"

„Nein, eigentlich nicht."

Ich schwieg. Sie schaute unbehaglich drein. Da entschloß ich mich, ihr eine sehr direkte Frage zu stellen. „Diane, ist Ihr Christsein für Sie jemals eine Quelle der Freude und des Trostes gewesen?"

Sie schaute mich einen Moment lang überrascht an. Dann antwortete sie mit einem Ausdruck der Erleichterung: „Nein, nie!"

*

Diane leidet an einer der hartnäckigsten Formen von Lügen – an einer religiösen Lüge. Irgendwann in ihrer religiösen Erziehung hat sie eine irrige Vorstellung von Gott gelernt, und diese Vorstellung ist an ihr hängengeblieben und verfolgt sie – so sehr, daß sich ihr Verhalten dadurch ändert. Diese traurige Erfahrung ist nichts Ungewöhnliches. Viele Christen haben die Lehren der Bibel mißverstanden und sind auf religiöse Lügen hereingefallen.

Warum sind diese Lügen vielleicht die hartnäckigsten von allen, die wir glauben? Erstens werden religiöse Lügen normalerweise von Leuten, denen wir in unseren Familien und Gemeinden vertrauen, als theologische Wahrheiten gelehrt.

Ich bin überzeugt, daß einige der schlimmsten Lügen von der „Kanzel" gepredigt werden, ob es nun die in unserer Gemeinde oder die in unserem Zuhause ist. Wenn Sie Ihrer Familie und Ihrer Gemeinde nicht vertrauen können, wem dann? Lügen wie diese, die seit der Kindheit immer wieder eingeprägt werden, sitzen oft tief und sind schwer loszulassen.

Zweitens werden uns diese Lügen als Glaubensüberzeugungen gelehrt, so daß es einem typischen Christen außerordentlich schwerfällt, sie aufzugeben. Das würde ja scheinbar bedeuten, sich in Widerspruch zu Gott zu setzen. In dieser Hinsicht stecken viele Christen in der sprichwörtlichen Zwickmühle. Wenn sie weiterhin diese Lügen glauben (die sie tatsächlich als Wahrheiten ansehen), bleiben sie geistlich und emotional beeinträchtigt, doch wenn sie die Lügen in Frage stellen, haben sie das Gefühl, Gott zu mißfallen. Wie sie sich auch entscheiden, sie können nicht gewinnen.

In mancher Hinsicht jedoch sind religiöse Lügen nicht anders als andere Lügen. Wie alle Lügen sind sie emotional schädlich. Und wie alle Lügen werden sie selten in Frage gestellt. Ein Christ kann verstandesmäßig wissen, daß solche Auffassungen unzutreffend sind, und doch so reagieren, als wären sie wahr.

Religiöse Lügen gehen jedoch noch einen Schritt weiter als andere Lügen, weil sie einem Christen, der nach ihnen lebt, geistliches Wohlergehen beinahe unmöglich machen. Es ist hart. Wie können wir ohne geistliches Wohlergehen gesund sein? Wie überall besteht der erste Schritt darin, diese Lügen einzugestehen. Werfen wir also einen Blick auf die verbreitetsten religiösen Lügen, die meine Patienten zum Ausdruck bringen.

„Gottes Liebe muß man sich verdienen."

„Diane", sagte ich, „warum, glauben Sie, war Ihr Christsein nie eine Freude für Sie?"

„Wäre es für Sie eine Freude, ständig zu versuchen, einem bestimmten Maßstab zu entsprechen, und es nie zu schaffen?" entgegnete sie.

„Nein, das wäre es nicht. Wissen Sie: Was Sie da beschreiben, ist etwas, womit offenbar eine ganze Menge Christen zu kämpfen haben. Es scheint damit zusammenzuhängen, was für ein Bild man von Gott hat. Wie sehen Sie Gott?" fragte ich.

„Ich sehe Gott als einen strengen Richter, der Menschen in die Hölle schickt", gab sie zurück.

„Woher, meinen Sie, stammt diese Sicht?"

„Von meinem Prediger zu Hause. Er schien nur über das Höllenfeuer und die Verdammnis zu predigen. Ich glaube, mein Bild von Gott rührt weitgehend daher."

„Hat Ihr Pastor jemals die Gnade erwähnt?"

Sie lachte ein wenig spöttisch. „Wenn ja, kann ich mich nicht daran erinnern. Ich erinnere mich nur daran, daß ich viel Angst hatte."

„Kommen Ihnen noch andere Bilder in den Sinn?"

„Nun, ja", sagte sie. „Wie ich als Kind bestraft wurde. Mein Vater war sehr streng. Er hat viel mit uns geschimpft und uns angebrüllt. Er zeigte wenig Barmherzigkeit, wenn überhaupt."

„Und Sie sehen Gott und das Christentum ähnlich?"

„Na ja. Ist es nicht das, worum es im Christentum und bei Gott geht? Daß wir ein gutes Leben führen und auf dem geraden und schmalen Pfad bleiben?"

Wahrscheinlich haben Sie das Problem in Dianes Denken selbst erkannt. Ihr wurde vermittelt, Gottes Liebe hinge von gewissen Bedingungen ab. Vielleicht haben ihr ihre Eltern, besonders ihr Vater, das auf subtile und weniger subtile Weise beigebracht, um ihr als Kind das schlechte Benehmen abzugewöhnen – und der Gedanke blieb hängen. In unseren Therapiesitzungen entdeckten Diane und ich viele Fälle, in denen ihre Eltern ihr die Liebe entzogen hatten, wenn sie Fehler machte; doch interessanterweise konnte sie sich nicht daran erinnern, daß ihre Eltern ihr jemals ausdrücklich gesagt hätten, ihre Liebe sei an Bedingungen geknüpft. Welcher Vater oder welche Mutter würde das schon tun? Vielleicht beobachtete Diane eine solche Einstellung in dem Verhalten ihrer Eltern und vermischte diese bedingte Liebe mit deren starken christlichen Überzeugungen.

Wo immer die Gründe liegen mögen, Diane ist dem Glauben in die Falle gegangen, ihre Handlungen hätten einen Einfluß darauf, ob Gott sie liebt oder nicht. Je schlimmer ihre Sünde, desto mehr haßt Gott sie. Und den nächsten Schritt können Sie leicht erraten: Wenn ihre Sünden erst einmal schlimm genug sind, dann entzieht ihr Gott vielleicht seine Liebe für immer.

Ein solches Denken leistet einem christlichen Perfektionismus Vorschub, der einen Menschen zu dem Versuch zwingt, ein sündenfreies Leben zu führen. Da es unmöglich ist, sündenfrei zu leben, glauben Christen wie Diane bald, Gott sei ständig zornig auf sie.

Als ich an der Universität von Texas studierte, war ich von eben dieser Lüge überzeugt. Gott war bei mir oder nicht, je nachdem, wie ich mich benahm. Ich fühlte mich nie in seiner Liebe geborgen, da kaum jemals ein Tag verging, an dem ich nicht auf die eine oder andere Weise sündigte. Gott schien mir nie sehr nahe oder sehr real zu sein. Bald war ich durch meine eigene Form des christlichen Perfektionismus ausgebrannt, und ich zog mich zurück von dem, was christlich aussah – Gemeinde, Bibelstudium, Gebet –, um ein gewisses emotionales Gleichgewicht wiederzuerlangen. Wenn man die Tretmühle des Perfektionismus tritt und ständig herunterfällt, dann scheint die einzige Lösung darin zu bestehen, ganz aufzugeben.

Etwa ein Jahr später lernte ich einen Studenten kennen,

der die Arbeit einer Studentenmission an der Universität von Texas leitete. Durch ihn und andere Mitglieder der Studentenmission ging mir schließlich ein Licht auf: Gottes Liebe ist unveränderlich. Er möchte, daß ich ein Leben führe, das ihm gefällt, aber was immer ich tue hat keinen Einfluß darauf, wie sehr er mich liebt. Zum ersten Mal erkannte ich, daß Gottes Liebe immer da war. Immer.

Woher kommt die Tradition der Lüge von der Liebe, die man sich verdienen müsse? Diane fand eine mögliche Antwort. Da unsere Eltern Menschen sind, drücken sie alle ihre Liebe bis zu einem gewissen Grad in bedingter Form aus. Einige von uns begegneten diesem Umstand, indem sie sich „lieb Kind" machten und alles taten, was notwendig war, die Liebe ihrer Eltern zu erwerben. Andere von uns wurden zu Rebellen, die gegen die Ansprüche ihrer Eltern aufbegehrten. Wieder andere versuchten es auf beiderlei Weise. Als wir dann aufwuchsen und anfingen, etwas mit dem Begriff „Gott" zu verbinden, übertrugen wir unsere Gefühle gegenüber unseren Eltern auf Gott – als ob er genauso wäre wie sie. Die Folge war, daß wir auf Gott reagierten, wie wir auf unsere Eltern reagiert hatten: als „lieb Kind", als „Rebell" oder beides.

Als Erwachsene entwickeln manche von uns eine reifere Vorstellung von Gott; andere dagegen bleiben in der alten Sicht stecken, und die Lüge, man müsse sich Gottes Liebe verdienen, kann weiterwuchern.

Kann man sich Gottes Liebe verdienen?

Nein, absolut nicht!

Fühlen und handeln viele Christen so, als ob man sie sich verdienen müßte?

Absolut!

Für einen Christen, der mit dieser Lüge zu kämpfen hat, kommt es in erster Linie darauf an, sie frontal anzugreifen – und zwar nicht mit Gefühlen, sondern mit dem, was die Heilige Schrift zu dieser Frage zu sagen hat. Offensichtlich gab es in Ephesus Gläubige, die diese Lüge glaubten, denn Paulus sagte der dortigen Gemeinde: „Denn aus Gnade seid ihr selig geworden durch Glauben, und das nicht aus euch: Gottes Gabe ist es, nicht aus Werken, damit sich nicht jemand rühme“ (Epheser 2,8). An Timotheus schrieb er, Gott habe uns zu einem heiligen Leben berufen, nicht aufgrund von irgend etwas, das wir getan hätten, „sondern nach seinem Ratschluß und nach der Gnade“ (2. Timotheus 1,9). Und wenn wir meinen, Gott kehre sich von uns ab, wenn wir sündigen, brauchen wir uns nur die Worte anzusehen, die Paulus den Römern über die Liebe Gottes schrieb: „Gott aber erweist seine Liebe zu uns darin, daß Christus für uns gestorben ist, als wir noch Sünder waren“ (Römer 5,8).

Wenn wir über solche Aussagen nachdenken, die unserer Lüge, man müsse sich die Liebe Gottes verdienen, so kraß entgegenstehen, ist das der erste Schritt zur Erkenntnis, wie falsch dieser Glaube ist.

„Gott haßt die Sünde und den Sünder.“

„Gott haßt nicht nur meine Sünde, sondern er haßt auch mich, wenn ich sündige. Außerdem sollte ich mich auch selbst hassen.“

Wenn wir auf dieses Mißverständnis hereinfallen, machen wir es uns nur schwerer, uns von der Sünde abzuwenden. Warum? Weil die Energie, die wir eigentlich aufwenden müßten, um uns von der Sünde abzuwenden, durch den Selbsthaß verbraucht wird, den wir an uns selbst verschwenden. Hier vermischt sich die Lüge des emotionalen Denkens, die wir in dem Kapitel über Verzerrungen betrachtet haben, mit einem falschen Verständnis von Buße und Vergebung. Das Schlimmste daran ist jedoch, daß diese Lüge ein Teufelskreis ist und unweigerlich in die Niederlage führt.

Jill hatte mit dieser Lüge zu kämpfen. Sie ist verheiratet, Mutter von drei Kindern und seit langer Zeit Christ. Sie und ihr Mann waren mehrere Jahre befreundet, bevor sie heirateten. Während der ersten Monate ihrer Freundschaft wurde sie von ihm schwanger. Sie war völlig zerrissen, was sie nun tun sollte. Ihre christlichen Wertvorstellungen und Überzeugungen sagten ihr, sie solle das Baby behalten und Dan heiraten. Doch keiner von beiden wollte schon zu diesem Zeitpunkt heiraten.

Auf Dans Drängen hin beschloß Jill, das Kind abtreiben zu lassen. Doch die Abtreibung widersprach so kraß ihren christlichen Wertvorstellungen, daß sie depressiv wurde. Und das blieb sie – monatelang, dann jahrelang. Schließlich heirateten sie und Dan, und sie bekamen Kinder. Doch Jill kam soweit, sich selbst zu hassen. Sie konnte die Schuldgefühle wegen ihrer Abtreibung nicht abschütteln und war überzeugt, daß Gott ihr nie vergeben oder sie wieder lieben könnte.

Während unserer Sitzungen tat es mir weh, sie zu beobachten; so viel Schmerz hatte sie in sich vergraben, und so viel Selbsthaß richtete sie gegen sich.

„Ich kann offenbar einfach nicht loslassen, was ich getan habe", sagte sie bei mehr als einer Gelegenheit.

„Sie haben das Gefühl, sie verdienten es nicht, es loszulassen und sich wieder dem Leben zuzuwenden – ist das richtig?"

Sie nickte und zerknäulte ein Papiertaschentuch in ihrer Hand. „Ich verdiene es nicht, damit davonzukommen."

„Und deshalb", antwortete ich, „bestrafen Sie sich selbst immer weiter mit Depressionen und Schuldgefühlen."

„Gott kann doch nicht wollen, daß ich so tue, als sei nichts geschehen!" rief sie aus.

„Würde es Sie überraschen, wenn ich Ihnen sagte, daß er genau das will?"

„Ja, das würde mich sehr überraschen!" gab sie zurück. „Ich kann nicht glauben, es sei Gottes Wille, daß ich das vergesse."

Ich sagte eine Zeitlang nichts, um sie darüber nachdenken zu lassen. Dann fuhr ich fort: „Glauben sie wirklich, es sei richtig, einem abgetriebenen Leben auch noch ein vergeudetes Leben hinzuzufügen?"

„Was? Wie meinen Sie das?"

„Glauben Sie an einen Gott, der möchte, daß Sie wegen einer Sünde, die Sie als junge Frau begangen haben, Ihr Leben wegwerfen?" fragte ich.

„Nein, eigentlich nicht", fing sie an, „aber es scheint mir zu leicht zu sein, einfach zu sagen, es sei vorbei, und das Leben müsse weitergehen. Sehen Sie", sagte sie beinahe ungeduldig, „irgend jemand muß für das bezahlen, was geschehen ist, und das bin *ich.*"

„Sie haben schon für das bezahlt, was geschehen ist. Sie haben vor Gott bekannt, daß Sie es getan haben. Sie haben es nicht noch einmal getan. Sie haben an Depressionen gelitten, seit Sie die Abtreibung haben vornehmen lassen. Wenn Sie all dem noch mehr Elend hinzufügen, werden Sie dadurch weder die Vergangenheit auslöschen noch Gott gefallen."

Sie schüttelte den Kopf und schob den Unterkiefer vor. „Gefühlsmäßig kann ich Ihnen nicht zustimmen."

Ich dachte einen Moment lang über ihre Situation nach. Sie verhielt sich beinahe so, als ob sie auf eine verdrehte Weise ihre besondere Form der „Buße" genösse. Ich versuchte es auf eine andere Weise: „Ist Ihnen bewußt, daß Sie sich nicht deshalb selbst hassen, weil Gott das von Ihnen möchte, sondern weil Sie selbst auf diese Art etwas wiedergutmachen wollen?"

Keine Antwort. Sie starrte an mir vorbei.

„Jill, Sie sehen das, was Sie für notwendig halten, und nehmen blind an, daß das auch Gottes Wille sei. Aber Gott möchte, daß Sie mit Ihrem Leben weitermachen."

Sie wandte mir ihr Gesicht zu. Immer noch lag der gleiche leere Ausdruck darauf. „Es ist zu einfach. Wenn ich mir selbst nicht vergeben kann, wie soll mir dann Gott vergeben können?"

Jill wollte nicht loslassen. Sie wählte weiterhin Sack und

Asche, und leider muß ich sagen, daß sie immer noch nicht aufgehört hat, sich selbst zu verurteilen. So fest können wir manchmal an der Vorstellung hängen, der einzig richtige Weg zu zeigen, daß uns unsere Sünde leid tut, sei, uns selbst zu hassen.

Diane, jene durchschnittliche Kirchgängerin, von der zu Beginn des Kapitels die Rede war, ging einen anderen Weg. Sie drehte die Dinge um. Sie griff zu Stift und Papier und fing an nachzulesen, was Gott über die Sünde und den Sünder sagt – in der Bereitschaft, ihr Leben und ihre Überzeugungen in einem anderen Licht zu sehen als dem, mit dem sie aufgewachsen war. Da fing sie endlich an, den Gedanken der Gnade zu verstehen. Dieser Gedanke wurde zu einem wichtigen Thema ihres Lebens; sie beschäftigte sich mit ihm, lebte danach und entfernte sich von der Lüge, sowohl die Sünde als auch der Sünder hätten Haß verdient.

Diese beiden Frauen, Jill und Diane, sind treffende Beispiele für den Schaden, der im Namen der Religion angerichtet werden kann – aber auch für die Haltungsänderung, die grundlegend dafür ist, sich von Lügen und dem zukünftigen Leid, das sie verursachen können, zu lösen.

Die biblische Geschichte von der Frau, die beim Ehebruch ertappt wurde, ist ein wunderbares Beispiel dafür, wie Gott die Beziehung zwischen Sünde und Sünder tatsächlich sieht. Sie erinnern sich sicher, daß zahlreiche gesetzlich eingestellte Leute jener Zeit sich als „religiöse Polizei“ für Gott betätigten und Menschen, die gegen das Gesetz des Mose verstießen, zur Strecke brachten. Sie ergriffen die Ehebrecherin und zerrten sie vor Christus, den sie vermutlich als eine Art „moralischen Sheriff“ ansahen.

Nach dem Gesetz des Mose hätte die Frau an Ort und Stelle zu Tode gesteinigt werden müssen. Die Lehrer und Pharisäer wußten das, als sie Christus fragten, was zu tun sei – ein Paradebeispiel für eine Fangfrage. Seine Reaktion: „Wer unter euch ohne Sünde ist, der werfe den ersten Stein auf sie“ (Johannes 8,7). Natürlich wagte niemand, sich zu rühren, obwohl ich den Verdacht habe, daß einige der Pharisäer es nur zu gern getan hätten. Worauf wollte Christus hinaus? Alle Menschen sündigen, und Sündern ist nicht damit geholfen, daß wir sie verprügeln oder mit dem Tod bestrafen. Als Christus zu der Frau sprach, drückte er Gottes Haltung knapp und genau aus: „So verdamme ich dich auch nicht; geh hin und sündige hinfort nicht mehr“ (Johannes 8,11).

Normalerweise bringt die Sünde ihre eigene Bestrafung durch natürliche Konsequenzen mit sich. Darauf auch noch unsere persönliche Strafe des Selbsthasses zu häufen, erscheint unsinnig und ist mit Sicherheit unbiblisch, selbst wenn viele „religiöse“ Menschen der Auffassung sein mögen, daß diese Haltung völlig christlich sei. Genausogut könnte man – wie einer meiner Kollegen es ausdrückte – einen verstauchten Knöchel behandeln, indem man mit einer Brechstange darauf schlägt.

Was also soll es sein? Jills Reaktion? Oder Dianes? Die der Pharisäer oder die Christi? Meinen Sie, sie machen es sich zu leicht, wenn Sie sich dazu entschließen, nur die Sünde zu hassen und nicht auch noch sich selbst? Dann möchte ich Sie darauf aufmerksam machen, daß es Sie selbst mit Gottes Hilfe Ihre ganze Anstrengung kosten wird, wieder in Ordnung zu bringen, was durch Ihre Sünde geschehen ist. Leicht machen Sie es sich damit gewiß nicht.

Im Grunde stehen Sie vor der Wahl, ob Sie nach Ihrer eigenen, menschlichen Art mit Ihrer Sünde umgehen wollen oder nach der Art, die Gott für uns vorgesehen hat: die Sünde einzugestehen, dann den Schaden wiedergutzumachen, den wir anderen zugefügt haben, und schließlich uns für die Zukunft von dieser Sünde abzuwenden. Entschließen Sie sich, es auf Gottes Art zu tun. Nur so können Sie auf dem Weg des Wachstums bleiben.

„Gott wird mich vor allem Übel bewahren."

Jerry war einer von diesen „Erfolgschristen" – er genoß es, seinen Erfolg zu zeigen und Gott für seine finanzielle Situation die Ehre zu geben. So ging das, bis er seinen guten Job verlor und plötzlich sechs Monate lang arbeitslos war. Als er zu mir kam, wälzte er Sitzung für Sitzung die Frage herum: „Warum hat Gott das zugelassen? Ich dachte, er liebt mich."

„Sie scheinen vorauszusetzen, ein liebender Gott sorgt dafür, daß Ihnen keine schlechten Dinge zustoßen", sagte ich.

Er schaute mich an, als sei er stutzig geworden. „Nun ja. Wie kann er ein liebender Gott sein, wenn er schlechte Dinge passieren läßt?"

„Wie denken Sie darüber?"

Er fand nicht gleich eine Antwort. Schließlich sagte Jerry: „Vielleicht zahlt er mir irgendeine Sünde in meinem Leben heim."

Ich wartete. „Ist das nicht die alte Lüge ‚Gott zerstört unser Leben, um uns für unsere Sünden zu bestrafen', über die wir schon gesprochen haben?"

„Sie haben recht. Das kann es wohl nicht sein. Aber was sonst?" Jerry sah regelrecht verwirrt aus. „So etwas hat er noch nie mit mir gemacht."

Christsein bedeutet Freude, Frieden und Erfüllung, wird uns gesagt. Und wir deuten das fröhlich um und hören heraus, ein Christ hätte niemals unter Problemen oder Schmerz zu leiden. Unser allmächtiger Leibwächter würde uns davor bewahren, unsere Arbeitsstelle zu verlieren, krank zu werden oder andere Mißgeschicke zu erleiden, wie sie „anderen" Menschen passieren. Wir *wollen* das glauben, also glauben wir es. Diese Lüge ist vielleicht die heimtückischste religiöse Täuschung im Christentum. Jeden Tag, jede Stunde werden Menschen durch sie verletzt.

Ich habe schon etliche Gläubige wie Jerry kennengelernt, deren Glaube in dem Moment zu einer Quelle der Bitterkeit und des Zorns wurde, in dem in ihrem Leben etwas schiefging. Oft machen wir Gott zum Sündenbock für allen Schmerz, den wir erleiden, wenn er nicht wie eine himmlische Kavallerie zu unserer Rettung herbeigestürmt kommt – oder besser noch wie ein patenter Familienvater, der immer einen Ausweg weiß und alles in Ordnung bringt. „Ist das nicht Liebe?“ fragen wir in unserer Naivität.

Wie sollen wir uns aber dann die Wahrheit verständlich machen? Die Wahrheit ist – wie wir schon gesehen haben –, daß das Leben schwierig ist. Der Glaube macht es leichter, aber nicht, indem er uns von allen Problemen befreit, sondern indem er uns eine Kraftquelle zur Verfügung stellt, um mit den Problemen umzugehen.

Der freie Wille ist, glaube ich, der Dreh- und Angelpunkt unseres täglichen Lebens und unserer täglichen Verletzungen. Auf die Gefahr hin, zu stark zu vereinfachen: Ich glaube, Gott hat uns einen freien Willen gegeben und wird uns normalerweise nicht dabei im Weg stehen, wenn wir ihn gebrauchen. Er läßt es zu, daß wir ungesunde Entscheidungen treffen, die schmerzliche Konsequenzen nach sich ziehen. Gott würde es zum Beispiel zulassen, daß ich 160 Stundenkilometer fahre; und er würde nicht unbedingt eingreifen und mich davon abhalten, mich selbst umzubringen.

Und nicht nur wir haben diesen freien Willen – jeder andere hat ihn ebenfalls. Schmerzen können also auch davon herrühren, daß andere ihren freien Willen auf ungesunde Weise gebrauchen. Zum Beispiel verlor Jerry ohne eigene Schuld einen Job, den er liebte. Damit wir unseren freien Willen ausüben können, wird Gott normalerweise nicht eingreifen und solche Dinge verhindern.

Aber verdienten die Christen nicht, es ein wenig leichter zu haben, da sie nun einmal Christen sind? Was wir verdienen oder nicht verdienen, ist nicht die Frage. Wer zum Christentum kommt, um es im Leben leichter zu haben, hat überhaupt nicht verstanden, worum es geht.

Im Gegenteil: Wenn Sie sich genau anschauen, wozu das Christentum aufruft, wenn Sie das Leben der hingegebensten Christen der Geschichte betrachten, dann finden Sie gewichtige Argumente dafür, daß durch das Christsein *mehr* Leid in das Leben hineinkommt, nicht weniger. Es ist ein Lebensstil, der es erfordert, „dem Ich abzusterben". Es ist ein Lebensstil des Opfers, des Dienens, der Demut – also von Handlungen und Haltungen, die jedem Menschen in unserer modernen Kultur extrem schwerfallen, in der die Regeln lauten: „Tu, was du willst!" und „Du bist die Nr. 1."

Wie können wir also am besten mit dieser Lüge umgehen? Jerry und ich sprachen über diese Frage aus biblischer Sicht.

„Jerry, Sie haben den Jakobusbrief in der Bibel gelesen, nicht wahr?"

„Natürlich", sagte er in selbstverständlichem Ton. „Aber ich kann einfach nicht glauben, daß ich vor Freude auf und ab springen soll, wenn ich Probleme habe. Vielleicht liegt da ein Übersetzungsfehler vor oder so etwas Ähnliches."

„Nun, Jerry, was denken Sie wirklich über das, was da ausgesagt wird?"

„Okay, ich weiß, daß da etwas Wahres dran sein muß", sagte er und machte ein resigniertes Gesicht. „Ich meine, vielleicht sollen wir aus unseren Leiden etwas lernen, aber mir gefällt das nicht. Mein Verstand sagt mir, daß es einfach nicht fair ist. Ich begreife nicht, was ich daraus lernen kann, daß ich meinen Job verliere. Ich meine, inwiefern ist es eine Lehre für mich, daß ich keine Arbeit habe? Ich werde es bestimmt nicht ‚für lauter Freude erachten', daß ich leiden muß. Alles, was ich lerne, ist, wie sehr ich meine Arbeit vermisse."

„Sie wollen mir erzählen, Sie glauben nicht, daß Sie aus all dem etwas lernen können?" fragte ich. „Wollen Sie sagen, Sie können daraus nichts über sich selbst und über Gott lernen?"

Jerry sah aus, als fühle er sich ertappt. Er kannte die Wahrheit nur zu gut, aber er wollte es nicht zugeben. Er wollte einfach nur sein leichtes Leben zurück. Er warf mir einen verlegenen Blick zu, der Bände sprach und uns eine Luke öffnete, durch die wir weiter an seiner Heilung arbeiten konnten.

„Ohne Leid können wir nicht lernen", hat Aristoteles einst gesagt. Damit hat er die große Wahrheit zusammengefaßt, die der Lüge entgegensteht, Gott werde uns immer vor Leid und Schmerz bewahren. Wenn wir verlangen, daß unser Lernen schmerzfrei sein soll, werden wir schmerzhaften Erlebnissen beinahe automatisch aus dem Weg gehen, oder wir werden sie wie Jerry leugnen und verhältnismäßig wenig daraus lernen.

Ich bin überzeugt, daß die Wahrheit des Aristoteles uns als Kinder schon einmal bewußt war, jedoch auf dem Weg zum Erwachsenwerden verlorenging. Nicholas, ein Junge, der in meiner Straße wohnt, versuchte gerade Fahrradfahren zu lernen. Ich habe ihn in den letzten paar Wochen beobachtet. Er ist immer, immer und immer wieder hingefallen. Mal verschrammte er sich ein Knie, mal schürfte er sich an einem Arm, und dann ließ er sich von seiner Mutter ein Pflaster darauf kleben. Im nächsten Moment war er schon wieder draußen und versuchte es von neuem. Eines Nachmittags schließlich geschah das Wunder: er fuhr die ganze Straße hinunter, ohne zu fallen. Oh, er hatte mit abgeschürften Knien und vielen Tränen dafür bezahlt, aber seine Bereitschaft zu leiden und sein Streben nach Erfolg verschafften ihm das, was er erreichen wollte! Für den Rest seines Lebens wird er seine Freude am Fahrradfahren haben.

Das gleiche kann für uns gelten. Das Leben ist das Klassenzimmer, Gott ist der Lehrer; abgeschürfte und verkratzte Egos sind der Preis für das Lernen. Wenn wir wie Nicholas den Mut haben, es immer weiter zu versuchen, kann uns nichts davon abhalten, ohne allzu viele Fehler durchs Leben zu „fahren". Doch wir müssen es immer wieder versuchen, wie weh es auch tun mag.

„All meine Probleme werden durch meine Sünden verursacht.“

Seit den Tagen Hiobs haben Menschen immer wieder gehört und geglaubt, Probleme würden durch Sünden verursacht. Mit Logik hat diese Lüge, Gott zerstöre unser Leben, um uns für unsere Sünden zu bestrafen, nichts zu tun. Jerry hatte damit zu kämpfen, und auch Harold war ein Opfer der gleichen, alten Lüge.

„Ich weiß, warum ich solche Probleme habe“, sagte er. „Ich werde bestraft.“ Harold war ein vornehm wirkender älterer Mann, mit dem ich erst seit kurzem arbeitete, und er eröffnete eine unserer Sitzungen mit dieser Aussage.

„Bestraft? Wofür?“ fragte ich.

„Nun“, druckste er, „ich weiß es nicht genau. Aber ich bin sicher, es ist etwas, das wir herausfinden können. Nur so ergibt das Ganze einen Sinn.“

„Harold, Sie glauben also, Menschen haben nur dann Probleme, wenn sie sündigen?“

„Ja, das klingt vernünftig.“

„Das bedeutet also, daß schlechte Dinge nur schlechten Menschen passieren. Gute Menschen haben nie Probleme.“

„Nun, nein, das habe ich nicht gesagt. Auch gute Menschen scheinen Probleme zu haben ...“ Er dachte einen Augenblick darüber nach. „Aber vielleicht sind sie nicht so gut, wie sie zu sein scheinen!”

„Und schlechte Menschen, die mit schlimmen Verbrechen ungestraft davonkommen, sind demnach nicht wirklich schlecht?“

„Nein, nein, nein. Schauen Sie, ich weiß es nicht. Dafür gibt es sicherlich irgendeine Erklärung“, sagte er mit einer Handbewegung.

Wir Menschen haben eine Vorliebe dafür, uns Dinge erklären zu können. Wir erklären einander das Universum, um einen winzigen Schimmer der Zukunft erahnen zu können. Alles, was geschieht, müsse seinen Grund haben, meinen wir. Wenn wir nur diesen Grund wüßten, könnten wir die Zukunft beherrschen. Der Lüge, wir würden alle unsere Probleme selbst verursachen, schenken wir sehr leicht Glauben. Wenn das wahr wäre, brauchten wir nur gut zu sein, um uns alle Probleme vom Hals zu halten. Das Problem ist nur, daß wir es nicht schaffen, immer gut zu sein. Und wenn zusätzlich zu dem Unvermeidlichen auch noch diese Lüge auf uns lastet, verurteilen wir uns selbst zu einem Leben, in dem wir von Schuldgefühlen geplagt sind – ein Leben, wie wir es selbst unserem ärgsten Feind nicht wünschen würden.

Diese Lüge hat natürlich – wie üblich – einen Schimmer Wahrheit an sich. Wenn Sie mit jemandem im Büro ein Verhältnis haben, können aus dieser Sünde Probleme erwachsen. Auch die Sünde anderer Menschen kann sie verletzen. Wenn Ihr Geschäftspartner beschließt, Ihre Gewinne auf ein Schweizer Nummernkonto abzuzweigen, dann werden Sie leiden müssen. Aber was ist mit den Problemen, die nicht aus irgendeiner Sünde erwachsen? Zum Beispiel schlug einmal in das Haus einer befreundeten Familie der Blitz ein. Er brannte ihnen ein Loch ins Dach, brachte einen Teil ihrer elektrischen Verkabelung zum Schmelzen und ruinierte eine Reihe elektrischer Geräte. Doch selbst in einer solchen Situation würden manche Christen denken: „Ich muß etwas Falsches getan haben, den sonst hätte Gott bestimmt nicht diesen Blitz in mein Haus einschlagen lassen!“ Wenn Gott Blitze schleudern würde, um uns unsere Sünden heimzuzahlen, wäre schon längst jedes Haus im Lande verschmort!

Wieder einmal können wir die Wahrheit aus der Verkündigung Christi entnehmen. Als seine Jünger einmal einen Mann sahen, der von Geburt an blind war, fragten sie Jesus: „Meister, wer hat gesündigt, dieser oder seine Eltern, daß er blind geboren ist?“

Jesus antwortete:

„Es hat weder dieser gesündigt noch seine Eltern, sondern es sollen die Werke Gottes offenbar werden an ihm“ (Johannes 9,2-3).

Manchmal läßt Gott es zu, daß guten Menschen schlechte Dinge geschehen, weil er seine Macht erweisen will. Manchmal läßt er es zu, wie wir bereits erörtert haben, um uns zur Reife zu verhelfen. Und manchmal geschehen solche Dinge einfach durch den freien Willen. Die einzige Wahrheit, die wir begreifen können, ist die, daß Gott aus Schlechtem Gutes machen kann. Das ist die Wahrheit hinter der biblischen Verheißung, „daß denen, die Gott lieben, alle Dinge zum Besten dienen" (Römer 8,28).

Es kommt darauf an, daß wir ehrlich nach der Wurzel eines gegebenen Problems forschen. Wenn diese Wurzel in persönlicher Sünde besteht, dann muß diese Sünde in Ordnung gebracht werden, bevor wir das Problem lösen können.

Ist das Problem dagegen eine Folge der Sünde eines anderen oder überhaupt nicht die Folge einer Sünde, dann müssen wir aufhören, uns in Selbstvorwürfen zu ergehen, und das Problem lösen, so gut wir können. Die einzige andere Möglichkeit wäre, uns ein Leben lang schuldig zu fühlen für etwas, das wir nicht verursacht haben – und das alles nur wegen einer Lüge.

„Es ist Christenpflicht, alle Bedürfnisse anderer zu erfüllen."

Robert, ein Pastor, mit dem ich befreundet bin, ist ein intelligenter, redegewandter, freundlicher, anteilnehmender Mann, der eine große Liebe zu den Menschen hat. In seinem Dienst ist er für Tausende zu einer Hilfe geworden. Eines Tages kam er zu mir ins Sprechzimmer, angeblich nur, um hallo zu sagen. Doch schon bald fand ich heraus, daß er an einer klinischen Depression litt. Seine Augen waren eingesunken, seine Schultern hingen herab. Er sah krank aus. Alle Anzeichen des Ausgebranntseins waren vorhanden.

„Robert", sagte ich und bot ihm einen Sitzplatz an, „wie läuft die Arbeit?"

„Ich habe letzte Nacht nicht viel Schlaf bekommen. Um ehrlich zu sein, ich habe die ganze Woche noch nicht richtig geschlafen. Dauernd klingelte mitten in der Nacht das Telefon, und ich mußte mich auf den Weg zu irgendwelchen Gemeindegliedern machen", sagte er und ließ sich auf mein Sofa fallen.

„Das Dumme ist, daß ich tagsüber keine Zeit für ein Nikkerchen habe, um Schlaf nachzuholen. Wir suchen immer noch nach einem zweiten Pastor, und mein Jugendleiter hat uns gerade verlassen. Das ganze letzte Jahr über hatte ich das Gefühl, ich sollte am besten Jogging-Schuhe zur Arbeit tragen", sagte er seufzend.

„Na, zumindest hat er seinen Sinn für Humor noch nicht ganz verloren", dachte ich.

Er fuhr fort. „Heute jedoch bin ich nicht aus dem Bett gekommen. Ich konnte mich einfach nicht rühren. Erst um zwölf bin ich aufgestanden. Deshalb wollte ich bei dir vorbeischauen."

Robert war in Schwierigkeiten. In seinem Bemühen, Gott zu gefallen, war er emotional völlig ausgebrannt, und das machte es ihm unmöglich, seinen Dienst fortzusetzen. Erkennen Sie das Widersinnige an seinem Handeln? Um Gott und allen anderen zu gefallen, arbeitete er so hart, daß er seinen Dienst schließlich überhaupt nicht mehr fortsetzen konnte.

Die Lüge, der er aufgesessen war, könnte man auch mit den Worten umschreiben „Christen sagen niemals nein" – und das ist eine Kassette, die wir uns jeden Tag immer wieder anhören. Zum Beispiel rief mich einmal eine Frau aus unserer Gemeinde an und bat mich, eine Familie in unserer Nachbarschaft zu besuchen, die kürzlich zu unserem Gottesdienst gekommen war. Die Bitte war vollkommen angebracht, aber mein Verstand sagte mir, daß ich dafür keine Zeit haben würde. Da ich ein schlechtes Gewissen hatte, nein zu sagen, sagte ich trotzdem zu. Zu meiner Beschämung muß ich sagen, daß der Zettel mit Name und Adresse der Familie zwei Monate lang auf meinem Schreibtisch lag und mir zuschrie: „Chris, du hast gesagt, du würdest dich darum kümmern!“ Und ich muß zugeben: Ich bin nie dazu gekommen. Weil ich es versäumte, in bezug auf meine Prioritäten und Begrenzungen offen und ehrlich zu sein, sagte ich ja, wo ich hätte nein sagen sollen – und das alles nur wegen dieser Lügenkassette in meinem Kopf, die mir einflüsterte, daß ein Christ niemals nein sagt.

Viele von uns vergessen, daß unser Tun für andere Grenzen hat und daß Gott uns nicht dazu berufen haben kann, um der Bedürfnisse anderer willen so zu leben, daß wir schließlich völlig ausgebrannt sind. Wir neigen dazu, zu vergessen, daß Christus sagte: „Kommt her zu mir, alle, die ihr mühselig und beladen seid; ich will euch erquicken. Nehmt auf euch mein Joch und lernt von mir ... Denn mein Joch ist sanft und meine Last ist leicht“ (Matthäus 11,28-30). Trotz dieser Worte machen viele von uns das Christentum zu einem schweren, mühevollen Lebensstil, nach dem kein normaler Mensch gerne leben möchte.

Wenn ich diese Lüge im Leben meiner Patienten ausfindig mache, muß ich immer an die Geschichte von Maria und Marta denken. In ihrem Bemühen, für Jesus eine vollkommene Gastgeberin zu sein, flog Marta nur so durchs Haus, um Dinge für ihre wichtigen Gäste vorzubereiten. Maria dagegen saß still zu Christi Füßen, hörte ihm zu und genoß seine Gegenwart. Bald begann Marta, wie es die meisten von uns tun würden, sich darüber zu beklagen, daß Maria ihr nicht zur Hand ging. „Herr, fragst du nicht danach, daß mich meine Schwester läßt allein dienen? Sage ihr doch, daß sie mir helfen soll!“ rief sie Jesus zu (Lukas 10,40). Nicht nur Maria, sondern auch Jesus bekam ihren Zorn zu spüren.

Erinnern Sie sich an Jesu Antwort? „Marta, Marta, du hast viel Sorge und Mühe. Eins aber ist not. Maria hat das gute Teil erwählt; das soll nicht von ihr genommen werden“ (Lukas 10,41-42).

Christus meint, daß die Martas der Welt (zu denen auch ich

gehöre) ihre Zeit damit verbringen, sich um die vielen Dinge zu sorgen, die sie zu tun haben. Sie sind die vorrangigen Kandidaten für Verzweiflung, Zorn, Bitterkeit und Ausgebranntsein. Die Marias der Welt, die sich Zeit nehmen, um das Leben zu schmecken, erfahren Frieden und Sinn. Einfach ausgedrückt: Wir sind nicht berufen, alles zu tun, sondern nur unseren Teil.

„Ein guter Christ ist nicht zornig, besorgt oder deprimiert."

Stellen Sie sich bitte vor, Sie überqueren eine Straße, und plötzlich kommt ein Auto aus dem Nichts direkt auf Sie zugeschossen. In diesem Augenblick erleben Sie die physiologische „Kampf-oder-Flucht"-Reaktion. Ihr Körper bekommt einen Extraschuß Adrenalin, Ihre Pupillen erweitern sich, Ihr Atem wird flach, Ihre Muskeln spannen sich an, und Sie fühlen sich äußerst bedroht, während Sie einen Hechtsprung machen, um sich zu retten. Würden Sie in einem solchen Moment denken, Ihr Vertrauen auf Gott sei schwach?

Kein Gedanke!

Nun stellen Sie sich noch etwas vor. Ihr bester Freund betrügt Sie. Ihr Kind lügt. In Ihrem Haus wird eingebrochen. Sie verlieren Ihre Arbeitsstelle. Was empfinden Sie dabei? Was *sollten* Sie empfinden? Sie verspüren automatisch einige der gleichen Reaktionen, denn sie treten bei körperlichen Bedrohungen wie auch bei bestimmten psychisch bedrohlichen Situationen auf. Würde es Sie jedoch überraschen, wenn ich sagte, daß viele meiner gläubigen Patienten der Meinung sind, daß solche „negativen" Emotionen wie Zorn, Sorge und Depression falsch seien und zwangsläufig bedeuteten, daß man nicht genug Glauben habe?

Der Glaube, wir dürften nicht fühlen, was wir fühlen, führt oft zum „Hinunterschlucken". Hinunterschlucken bedeutet, daß Sie Ihre Gefühle verleugnen oder unterdrücken, so daß Sie sie nicht mehr empfinden. Doch dadurch verschwinden die Gefühle nicht wirklich. Sie bleiben im Unbewußten oder Unterbewußten begraben, jederzeit bereit, hervorzukommen, wenn wir in der Anstrengung ermüden, sie unten zu halten. Wenn Sie zu viele Gefühle „hinunterschlukken", ist das Ergebnis letzten Endes ein äußerst unangenehmes „Erbrechen" der angestauten Emotionen – das normalerweise zu den unpassendsten Zeiten eintritt. Wenn Sie sich lange genug die Kassette mit der Botschaft „Ein guter Christ ist niemals zornig oder deprimiert" vorspielen, kann es sein, daß Ihnen irgendwann der Kragen platzt.

Ich habe wohlmeinende christliche Freunde, die diese Botschaft mit Bemerkungen wie den folgenden noch verstärken: „Gott hat dich nicht vergessen. Du solltest nicht deprimiert sein." Oder: „Es muß Gottes Wille sein, also wird sich alles zum Guten wenden." Oder: „Wenn du auf Gott vertraust, kannst du ‚Dank sagen in allen Dingen'."

Sind diese Bemerkungen denn nicht wahr? Natürlich sind sie das, aber Gott hat uns die ganze Bandbreite der Emotionen gegeben, von der Freude bis hin zum Leid. Wenn er uns so viele verschiedene Möglichkeiten des Fühlens gegeben hat, warum sollte er wollen, daß wir nur die angenehmen erfahren?

Warum können wir nicht uns selbst und denen, die verletzt sind, statt dessen sagen: „Na los! Gestehe dir zu, Schmerz zu fühlen und deprimiert zu sein! Laß diese Gefühle heraus aus dir, damit du sie nicht für den Rest deines Lebens mit dir herumschleppen mußt! Geh durch die Trauer hindurch und dann weiter."

Ich lerne in meinem Sprechzimmer eine ganze Menge Leute kennen, die ihre Gefühle „hinunterschlucken". Sie kommen zu mir, weil sie das Hinunterschlucken so lange praktiziert haben, bis sie davon emotional krank geworden sind. Julie, eine kleine blonde Frau, war ein gutes Beispiel dafür. Während der ersten paar Minuten ihrer Besuche saß sie immer nervös auf meinem Sofa und kaute auf ihren Fingernägeln.

„Julie", begann ich schließlich, „erzählen Sie mir, was Sie bedrückt."

Normalerweise erzählte sie mir dann von kleinen Dingen; sie sprach nie viel über den wahren Grund, aus dem sie zu mir gekommen war – den Verlust ihrer Mutter. In den drei Jahren, seit ihre Mutter gestorben war, hatte sie an Depressionen gelitten. Doch während einer unserer Sitzungen kam sie zum Kern ihres Problems. Sie verriet, daß sie eine Lüge akzeptierte: „Ich fühle mich schuldig, weil ich so deprimiert bin. Ich weiß, daß das falsch ist."

„Es ist nichts Falsches daran, daß Sie traurig darüber sind, Ihre Mutter verloren zu haben", entgegnete ich.

„Aber drei Jahre lang?! Ich denke, irgend etwas kann mit meinem Glauben einfach nicht stimmen. Warum sollte ich sonst nicht darüber hinwegkommen können?"

„Julie, Sie haben fast drei Jahre gebraucht, um überhaupt zu erkennen, daß es der Tod Ihrer Mutter ist, der Sie deprimiert", sagte ich leise. „Es ist nur gesund, wenn Sie sich selbst die Trauer zugestehen. Weil Sie das bisher nicht getan haben, sind Sie chronisch depressiv geworden. Verlangt Ihr Glaube von Ihnen, daß Sie nicht trauern dürfen?"

„Nein." Sie legte ihre Hände auf dem Schoß übereinander und schaute mich an. „Wollen Sie damit sagen, daß Gott von mir erwartet, daß ich mich so fühle?"

Meine Antwort war – mit Einschränkungen – ja. Wenn schmerzhafte Emotionen ein Zeichen für schwachen Glauben wären, wie sollten wir uns dann die starken Gefühle erklären, die Christus bei verschiedenen Gelegenheiten zeigte? Er weinte, als Lazarus gestorben war. Als er im Garten Gethsemane betete, sagte er zu seinen Jüngern: „Meine Seele ist betrübt bis an den Tod" (Matthäus 26,38). Er schrie und stieß Tische um, als er die Händler und Wechsler aus dem Tempel vertrieb. Das sind ziemlich starke Emotionen, oder nicht?

Manchmal jedoch kann es sein, daß Zorn, Sorge und Depressionen auf einen Mangel an Vertrauen auf Gott hinweisen. Das ist die Einschränkung, die ich oben erwähnt habe. Wie können wir den Unterschied erkennen? Ich möchte Ihnen drei Fragen nennen, die Sie sich selbst stellen können: Wie häufig fühle ich mich traurig (zornig, besorgt)? Wie stark ist meine Empfindung? Und seit wann habe ich diese Empfindung? Seit einem Monat? Seit einem Jahr? Seit fünf Jahren?

Wenn starke Gefühle *sehr häufig* auftreten, sollten wir uns fragen, woran das liegt. Manche Christen machen sich zum Beispiel immer Sorgen, unabhängig von den äußeren Umständen. Eine solche ständige Besorgnis kann ein Zeichen für einen Mangel an Vertrauen darauf sein, daß Gott das Universum beherrscht. Und ein Zeichen für einen Mangel an Vertrauen auf seine Verheißung, daß er uns nie vor ein Problem stellen wird, daß wir mit seiner Hilfe nicht lösen können.

Auch überwältigend *intensive* Emotionen können darauf hinweisen, daß wir an unserem Glauben arbeiten müssen. Wenn ich meinen Job verliere und davon so depressiv werde, daß ich nicht mehr einsatzfähig bin, dann glaube ich vielleicht nicht sehr fest an Gottes Fähigkeit, mir bei der Lösung meiner Probleme zu helfen. Seien Sie jedoch vorsichtig mit dem, was ich sage. Bestimmte Ereignisse, wie etwa der Tod eines geliebten Menschen, können uns überwältigend intensiv treffen und vorübergehend außer Gefecht setzen. Wenn zum Beispiel meine Frau und meine Kinder ums Leben kämen, würde mich meine Trauer überwältigen, und es würde mir für einige Zeit schwerfallen, normal und gesund weiterzuarbeiten.

Schließlich können starke, schmerzhafte Emotionen, die lange andauern, ein Problem mit dem Glauben anzeigen. Wenn wir uns wegen einer Sache die nächsten dreißig Jahre Sorgen machen oder zornig und deprimiert fühlen, dann vertrauen wir vielleicht nicht genug darauf, daß Gott in der Lage ist, das Universum zu lenken. Ich habe schon Christen betreut, deren Zorn und Depressionen über bestimmte Ereignisse ihr ganzes Leben lang angehalten haben. Ihr Glaube ist so schwach, daß sie weder vergeben noch vergessen können – was Gott ausdrücklich von uns erwartet.

Einerseits müssen wir uns zugestehen zu fühlen, was wir fühlen. Gleichzeitig müssen wir ehrlich genug sein, um zu prüfen, ob unsere Gefühle dem, was uns widerfahren ist, angemessen sind oder nicht. Weder das „Hinunterschlucken" noch das „Erbrechen" unserer Gefühle ist im allgemeinen hilfreich. Der Mittelweg besteht darin, unsere Gefühle zu akzeptieren und auf eine Art und Weise auszudrücken, die uns hilft weiterzugehen.

„Gott kann mich nur gebrauchen, wenn ich geistlich stark bin."

Zum Schluß eine kurze Erläuterung zu einer sehr weit verbreiteten Lüge. Ich erinnere mich, daß dies in meiner Studentenzeit meine „Lieblingskassette" war, die ich immer und immer wieder abspielte. Ich wollte meinen Freunden von Jesus erzählen, aber ich hatte den Eindruck, mein Leben sei so ein Durcheinander, daß Gott nicht durch mich wirken könne. Ich war überzeugt, sie würden sich mein Leben anschauen und sagen: „Na, so gut bist du doch selber nicht. Warum sollte ich dir zuhören?" Selbst heute noch geht es mir oft so, daß ich liebend gern guten Freunden von Gott erzählen würde und mich statt dessen dabei ertappe, wie ich diese altbekannte Kassette aus der Studentenzeit in meinem Kopf abspiele. Wie soll ich ihnen von Gott erzählen, wenn mein Leben kein strahlender Beweis für alles ist, was ich sage?

Doch eins der Paradoxe des Christentums ist es, daß Gott durch unsere Schwächen seine Macht erweisen kann. Unsere eigene Arroganz ist eine der Ursachen dieser Lüge. Wir bilden uns ein, Gott könne nicht tun, was er wolle, wenn wir nicht stark wären. Dabei kann er doch in Wirklichkeit jederzeit tun, was er will – und zwar mit wem er will. Niemand kann ihn daran hindern – außer vielleicht, wenn der Betreffende nein sagt.

Ich sehe darin auch einen Ableger der Selbstlüge „Ich muß perfekt sein". „Wie kann ich Gott verherrlichen, solange ich kein vollkommenes Leben führe?" fragen wir. Doch dann bleibt die Frage: Wie wird überhaupt etwas zustande gebracht, wenn doch nur *ein* Mensch jemals ein vollkommenes Leben geführt hat?

Paulus ist ein gutes Beispiel dafür, wie weit diese Lüge von der Wahrheit entfernt ist. In einem Brief an die Korinther bekennt er sich sogar dazu, sich über seine Schwächen zu freuen: „Denn wenn ich schwach bin, so bin ich stark" (2. Korinther 12,10).

Ich habe gemerkt, daß ich kein geistlicher Held sein muß, um Menschen von Gott zu erzählen. Im Gegenteil: Indem ich ehrlich zu meinen eigenen Schwächen und Schwierigkeiten stehe, vermittle ich denen, mit denen ich rede, ein gesünderes, realistischeres Bild vom Christentum; eines, das – wie ich hoffe – frei von Lügen ist. Wie Christus sagte, sind es nicht die Starken, die einen Arzt brauchen, sondern die Kranken (Matthäus 9,12).

Im Grunde sind wir alle „krank" und brauchen einen Arzt. Wenn wir anderen gegenüber das Christentum vertreten und mit ihnen reden, werden wir immer unvollkommen sein – wieviel geistliche Reife wir auch letzten Endes erreichen mögen. Schädlich und ungesund ist es, wenn wir so tun, als wäre es anders. Was für einen größeren Gefallen können wir denjenigen tun, die möglicherweise Christen werden, als ihnen die Wirklichkeit des christlichen Lebens mit all seinen Kämpfen vor Augen zu führen – so daß sie selbst nicht dabei steckenbleiben müssen, in ihren Köpfen Lügenkassetten abzuspielen?

Ein letztes Wort. Wenn wir einige oder mehrere der Lügen glauben, die hier erörtert wurden, wird es ein entscheidender Schritt sein, die Bibel sorgfältiger zu studieren und zu erfahren, was sie *wirklich* lehrt – um so die Lügenbänder zu löschen. Intepretationen aus zweiter Hand sind leicht mißzuverstehen. Ich habe in diesem Kapitel immer wieder Schriftstellen verwendet; und wenn ich in meinem Glaubensleben eine religiöse Lüge entdecke, tue ich dasselbe. Denn letzten Endes ist die Wahrheit – das richtige Verständnis der Heiligen Schrift – der beste Weg, um die religiösen Lügen zu durchbrechen, die in der heutigen Christenheit so verbreitet sind.

In unserer Übung für dieses Kapitel geht es genau um diesen Punkt.

Wie Sie Ihre Lügen überwinden können

Zuerst möchte ich Ihnen eine sehr wichtige Übung vorstellen, den sogenannten Gedankenstop. Wir alle kommen ab und zu in Situationen, in denen unsere Lügen einfach nicht schweigen wollen und entsprechend emotionalen Schaden anrichten – auch wenn wir ein wahrheitsgemäßes Selbstgespräch einsetzen. In solchen Situationen hilft uns der Gedankenstop. Wenn Sie zu den Leuten gehören, die sich leicht auf Fragen oder Sorgen fixieren, dann wird sich diese Methode in Ihrem Denken als wirksam erweisen. Konzentrieren Sie sich zuerst genau auf den Gedanken, der Ihnen Sorge (oder Zorn oder Depressionen oder Schuldgefühle) verursacht. Dann, nach etwa fünfzehn bis dreißig Sekunden, rufen Sie „Stop!“ oder machen irgendein lautes Geräusch. Vielleicht können Sie auch einen Wecker stellen. Dieses Handeln unterbricht Ihre Gedanken und die damit verbundenen Gefühle. Nachdem Sie das einige Male gemacht haben, wollen Sie vielleicht die Lautstärke Ihres Rufes ein wenig senken oder sich einfach irgendeine neue Ablenkung einfallen lassen, die das Signal für Ihren Gedankenstop sein soll.

Vielleicht geht es Ihnen zum Beispiel wie Diane, von der wir zu Beginn dieses Kapitels sprachen. Sie haben sich dabei ertappt, daß Sie glauben, Sie müßten sich Gottes Liebe verdienen. Vielleicht stellen Sie sich sogar vor, wie Gott mit strengem Gesicht jeden Ihrer Schritte überwacht. Entscheiden Sie sich für ein Geräusch, daß Ihren Gedankenfluß unterbrechen soll, und dann konzentrieren Sie sich auf diese Vorstellung. Wenn dann Ihr Ruf oder Ihr Wecker erklingt, schalten Sie um auf die wahrheitsgemäße Vorstellung, die Sie sich aneignen wollen.

Der Gedankenstop hilft Ihnen, indem er die Gedankengänge unterbricht, die Sie emotional aufwühlen. Er wird Ihnen zeigen, daß sich Ihr emotionales Wohlbefinden bessert, wenn Sie irrationale Gedanken – Lügen – ausschalten; sei es, indem Sie ihnen mit der Wahrheit entgegentreten oder indem Sie den Gedanken völlig stoppen. Es liegt auf der Hand, daß diese Methode an sich noch nicht die Lügen aus der Welt schaffen kann, die für emotionale Probleme verantwortlich sind, aber sie ist sehr nützlich, um diese Lügen für einen gewissen Zeitraum zum Schweigen zu bringen und so Ihre emotionale Belastung zu verringern.

Unsere zweite Übung ist noch wichtiger. Für den Christen hat der entscheidende Schritt zur Überwindung von Lügen, ob religiös oder nicht, mit zwei altbekannten, aber oft mißbrauchten Praktiken zu tun: Bibelverse auswendig zu lernen und darüber nachzudenken.

Bevor Sie diesen Gedanken abschütteln, halten Sie einen Augenblick inne, und lesen Sie meine Aussage noch einmal. Das, was dort genannt wird, klingt zu vertraut, nicht wahr? Wir bringen es mit Sonntagsschule oder Hauskreisen oder irgendwelchen organisierten Gemeindeseminaren in Verbindung. Und normalerweise haben wir ein ziemlich schlechtes Gewissen, weil wir beides nur selten zu Hause praktizieren. Daß Auswendiglernen und Nachdenken ein ernsthafter und sehr wirksamer Weg sein sollen, um Lügen loszuwerden, ist ein ganz neuer Gedanke, nicht wahr?

Nehmen Sie den Gedanken trotzdem ernst. Warum? Weil ich gesehen habe, was für erstaunliche Auswirkungen diese Praktiken im Leben von Gläubigen haben können, die gegen religiöse Lügen ankämpfen. Auch bei anderen Lügen im Leben von Christen haben sie schon Wunder gewirkt.

Interessanterweise legt die Bibel einen sehr starken Nachdruck auf die „Erneuerung des Denkens". Auf biblische Art wird diese Erneuerung dadurch erreicht, daß wir Zeit darauf verwenden, Verse auswendig zu lernen, die uns direkt die Wahrheit über unsere Lügen lehren, und über sie nachzudenken. (Im Anhang finden Sie eine Liste von Bibelversen, die meiner Meinung nach besonders geeignet sind, um Lügen entgegenzutreten. Diese Verse werden Ihnen einen hervorragenden Anfang verschaffen.)

In einem sehr realen Sinn ist die Bibel Gottes vorrangiger Weg, um uns die wichtigsten Wahrheiten zu lehren, die wir brauchen, um gegen unsere Sünden zu kämpfen. Es ist kein Zufall, daß Satan der „Vater der Lüge" genannt wird (Johannes 8,44). Stellen Sie sich Ihre Situation so vor: Gott und Satan kämpfen mit aller Kraft um die Herrschaft über Ihren Geist. Gottes Waffe ist natürlich die Wahrheit. Satans Waffen sind Lügen. Jeder Tag ist eine Schlacht. Werden Sie die Lügenkassetten abspielen? Oder werden Sie auf die Wahrheit hören? In dem Maße, in dem wir uns für die Wahrheit entscheiden, werden wir auf das, was uns widerfährt, angemessen reagieren und den Frieden erfahren, der alle Vernunft übersteigt (Philipper 4,7). In dem Maße, in dem wir uns für die Lügen entscheiden, werden wir uns emotional und geistlich elend fühlen. Wenn es bei uns, wie üblich, eine Mischung aus beidem gibt, leben wir mit gemischten emotionalen und geistlichen Auswirkungen.

In Ordnung, höre ich Sie sagen, aber wie sieht all dieses Auswendiglernen und Nachdenken praktisch aus? Wenn es Ihnen so geht wie den meisten, dann schaffen Sie es nur, wenn Sie beides in Ihren normalen Tagesablauf einbauen. Fangen Sie an, indem Sie sich Ihr Ziel nicht zu hoch setzen – etwa ein Vers in der Woche oder auch nur im Monat. (Einen ganzen Monat lang an einem Vers zu arbeiten, klingt vielleicht, als sei es zuwenig, aber Sie wären überrascht, wie schwer es den meisten Christen fällt, auch nur so viel zu schaffen. Nach meiner Erfahrung ist es besser, sich anfangs nicht zu sehr anzutreiben, sonst läßt man es wahrscheinlich bald ganz sein.) Dann nehmen Sie diesen Vers und lassen sich ihn *täglich* immer wieder durch den Kopf gehen, bis er zu einem Teil Ihrer Gedankenwelt geworden ist. Denken Sie über diesen Vers nach; nehmen Sie sich Zeit, ihn durch die tiefsten Ebenen Ihres Geistes gehen zu lassen und zu überlegen, wie Sie ihn in Ihrem täglichen Leben in die Tat umsetzen können.

Zum Beispiel werden die meisten Christen den Vers „Sie sind allesamt Sünder und ermangeln des Ruhmes, den sie bei Gott haben sollten" (Römer 3,23) kennen und sogar auswendig gelernt haben. Doch was *bedeutet* er?

Denken wir einen Augenblick darüber nach. Wenn Sie die Tatsache betrachten, daß *alle* gesündigt haben, verstehen Sie vielleicht tiefer, wie sich *alle* Menschen gleichen: wir alle scheitern daran, Gott ähnlich zu sein.

Dieser Gedanke wiederum bringt Sie vielleicht zu der Überlegung, wie ähnlich wir einander und wie einzigartig Gott in moralischer Hinsicht ist.

Diese Überlegung wiederum veranlaßt Sie vielleicht dazu, sich nicht mehr so isoliert von anderen Menschen zu fühlen. Die Menschen, die Sie immer für „besser" als sich selbst gehalten haben, erscheinen Ihnen gar nicht mehr so sehr anders. Und aus dem gleichen Grund erscheinen auch diejenigen, die Sie immer für ein bißchen „schlechter" als sich selbst gehalten haben, gar nicht mehr so sehr anders. In dem Moment, wo Sie anfangen, andere Menschen in dem gleichen Licht zu sehen wie sich selbst, werden Sie bemerken, daß Ihnen zwischenmenschliche Beziehungen leichter fallen.

Schließlich bekommen Sie durch all Ihr Nachdenken vielleicht eine tiefere Ehrfurcht vor Gott. Sobald Sie anfangen, Gott in diesem einzigartigen Licht zu sehen, werden Sie möglicherweise dem Schöpfer aller Dinge mit mehr Anbetung und Unterordnung begegnen.

Das ist eine ganze Menge, was wir aus diesem kurzen, vertrauten Vers herausbekommen haben – und beachten Sie, daß wir das alles in sehr kurzer Zeit bedacht haben. Was wäre erst das Ergebnis, wenn Sie sich eine ganze Woche Zeit nähmen, um über diesen Vers nachzudenken?

Darüber nachzudenken, was ein Vers bedeutet und wie er sich auf unser Leben anwenden läßt, ist der sicherste Weg, den ich kenne, um eine Wahrheit in die tiefsten Ebenen unseres Denkens einzuprägen – dorthin, wo auch unsere Lügen am Wirken sind. Es gibt Gott die Möglichkeit, durch das Wirken des Heiligen Geistes die Lügen zu durchdringen, die unsere Sicht von uns selbst, von anderen Menschen und der Welt am meisten beeinträchtigen.

Alle großen Männer und Frauen des Glaubens sind ohne Ausnahme auch große Schriftforscher. Sie haben nicht nur ein Kopfwissen über die Bibel, sondern auch ein Herzwissen. Wenn Sie beides besitzen, ist geistliches Wachstum die sichere Folge. Nichts verändert unser Leben mächtiger, als wenn wir anwenden, was uns die Bibel lehrt; wenn wir nicht nur wissen, was ihre Verse aussagen, sondern auch, was sie bedeuten. Wenn wir uns darum bemühen, wird uns die Macht Gottes jene entscheidende Schärfe geben, die wir brauchen, um den Kampf gegen den „Vater der Lüge" zu gewinnen.

Denken Sie nicht nur daran, es mit dieser Übung zu versuchen. Tun Sie es, selbst wenn Sie nur einen Vers im Monat bedenken können. Wenn Sie bemerken, wie dadurch der Dunstschleier vertrieben wird, der so viele unserer Lügen verdeckt, werden Sie so begeistert sein, daß Sie gar nicht mehr aufhören wollen!

Die Wahrheit über die Wahrheit

Suche die Wahrheit,
höre auf die Wahrheit,
lehre die Wahrheit,
liebe die Wahrheit,
bleibe bei der Wahrheit,
und verteidige die Wahrheit
bis zum Tode.

Jan Hus

„Sie reden viel über Lügen", sagen mir meine Patienten immer. Dann stellen sie mir die gleiche Frage, die mir heute morgen eine junge Frau in meinem Sprechzimmer stellte. „Wie steht es mit der Wahrheit?" wollte sie wissen. „Ich habe das Gefühl, daß es Dinge gibt, die Sie mir noch nicht gesagt haben."

Sie hatte natürlich recht. Wir hatten ausgiebig über die Lügen gesprochen, nach denen sie lebte, und sie hatte nach Kräften viele davon zurückgewiesen – aber allmählich fiel ihr auf, daß das nicht sofort zu Glück und Erfolg geführt hatte. Das brachte sie zu einer wichtigen Einsicht: die Lügen in unserem Leben zu erkennen und zu bekämpfen ist eine Sache; eine andere ist es, den Sprung in Richtung geistliche und geistige Gesundheit zu wagen, indem wir die Lücken, die von den Lügen zurückgelassenen werden, mit Wahrheit auffüllen.

Während Sie den Kampf gegen Ihre Lügen fortsetzen und auf ein Leben zugehen, das die Wahrheit zur Grundlage hat, sollten Sie bestimmte Dinge über die Wahrheit wissen – die Wahrheit über die Wahrheit.

Versetzen Sie sich in die Lage meiner „wahrheitsuchenden“ Patientin, und lassen Sie uns zunächst die Wahrheit über die Wahrheit herausfinden.

„Wo wollen Sie anfangen?“ fragte ich sie.

„Aus Ihrer Frage höre ich heraus, daß es da eine ganze Menge zu besprechen gibt“, sagte sie und hob eine Augenbraue. „Das habe ich befürchtet.“

„Da sind gute und schlechte Dinge. Aber es wird Ihnen eine Hilfe sein, alles zu wissen. Dessen bin ich sicher.“

Sie setzte sich gerade hin. „Also gut. Ich möchte alles hören.“

„Sagen Sie mir, was Sie im Augenblick am meisten daran irritiert, auf die Wahrheit hinzuarbeiten. Dann fangen wir gleich damit an“, schlug ich vor.

Die Wahrheit erkennen wir Stück für Stück

„Ich werde Ihnen sagen, was mich irritiert. Warum erscheint die Wahrheit manchmal so verschwommen? Warum kann ich sie nicht auf einmal erkennen?“ fragte meine Patientin.

Ich begann, ihr zu erklären, daß wir die Wahrheit im allgemeinen nicht auf einen Schlag in einer lebensverändernden Weise empfangen – eben nicht so wie Paulus auf der Straße nach Damaskus. Ich sehe die Wahrheit mehr wie ein Puzzle mit tausend Teilen. Stück für Stück suchen wir nach der Wahrheit und versuchen, sie zusammenzufügen. Die Arbeit, zu prüfen, was zusammenpaßt und was nicht, ist mühsam. Unsere Lügen – die falschen Teile, die nicht passen – sind nicht über Nacht dorthin geraten und werden auch nicht über Nacht wieder verschwinden. Wir müssen also Geduld haben mit dem Prozeß, unsere Lügen durch die Wahrheit zu ersetzen.

„Ich bin noch nie mit so einem Puzzle fertig geworden“, murmelte sie. „Was noch?“

Es gebe noch eine weitere schmerzliche Wahrheit über die

Wahrheit, sagte ich ihr. Bei unserem Wahrheits-Puzzle stehen uns nicht alle tausend Teile zur Verfügung – wir bekommen sie nicht alle, bevor unsere Zeit, das Puzzle zusammenzusetzen, abgelaufen ist. Einfach ausgedrückt, wir werden, solange wir leben, nicht die ganze Wahrheit erkennen.

„Aber wer kennt sie dann?" fragte meine wahrheitsuchende Patientin ein wenig verschüchtert.

Das ist die entscheidende Frage, nicht wahr? Und es ist eine, die wir auch stellen sollen. Carl Gustav Jung, einer der führenden Köpfe der modernen Psychologie, drückte es so aus: „Sind wir mit etwas Unendlichem verwandt oder nicht? Das ist die entscheidende Frage des Lebens."

Fast jeder fragt sich, ob etwas Unendliches existiert oder nicht. Hochintelligente Menschen haben in dieser Frage jede nur denkbare Position vertreten. Dabei kamen manche zu dem Schluß, es gebe kein unendliches Wesen; manche gelangten zu dem Ergebnis, es gebe eines, und boten uns eine überwältigende Auswahl an Möglichkeiten, wie es beschaffen sein könnte; manche schließlich kamen zu der Auffassung, wir könnten es nicht wissen und bräuchten uns deshalb keine Gedanken darum zu machen. Ich stimme jedoch Jungs Ansicht zu. Ob es ein unendliches Wesen gibt oder nicht und ob wir mit ihm verwandt sind oder nicht, das ist die wichtigste Frage des Lebens. Wenn „es" existiert, dann müssen wir die Frage stellen: Wie ist „es" beschaffen? Und was will „es"?

Hunderte von Büchern befassen sich mit dieser Frage, und die Antwort geht über den Rahmen dieses Buches weit hinaus. Doch ich bin davon überzeugt, daß wir uns in unserem persönlichen Leben mit der Frage, die Jung stellte, beschäftigen müssen, bevor wir zu den tieferen Ebenen des Verständnisses und der Erkenntnis der Wahrheit vorstoßen können. Meine eigene Antwort auf Jungs Frage ist ja. Meiner Überzeugung nach ist dieses „unendliche Etwas" der Schöpfer – Gott –, und er allein kennt die ganze Wahrheit. Montaigne drückte es so aus: „Wir sind geboren, nach der Wahrheit zu fragen; sie zu besitzen kommt einer größeren Macht zu." Dieser Gott macht die wichtigen Teile des Puzzles – die wir brauchen, damit unser Leben zusammenhängend und vollständig bleibt – für uns zugänglich, wenn wir durch ihn die Wahrheit suchen. Und dazu versuche ich meine Patienten zu führen – nach der Wahrheit zu suchen, die ihnen zugänglich ist, und danach zu leben.

„Nun gut", unterbrach mich meine Patientin. „Aber Sie sind noch nie damit herausgerückt, was denn nun die Wahrheit *ist* oder wie ich sie finden und erkennen kann."

In aller Kürze ausgedrückt: Wir können wissen, daß wir Wahrheit gefunden haben, wenn wir die Wirklichkeit ohne Schnörkel und ungeschönt vor Augen haben. Um zu dieser ungeschönten Wirklichkeit durchzudringen, müssen wir uns an Gott als die letztgültige Quelle der Wahrheit in unserem Leben halten. Wir können uns nicht auf das verlassen, was uns wahr erscheint oder was uns jemand, dem wir vertrauen, als wahr erzählt, oder was uns unser Lieblingsredner oder Lieblingsschriftsteller als wahr darstellt. Solche Quellen lassen die Tür für unsere eigene Pathologie offen, wie wir Psychologen es nennen – für unsere eigene Selbstbezogenheit, Unwissenheit und Abwehrhaltung, die uns verleitet, auf Lügen hereinzufallen und sie in zerstörerische „Wahrheiten" zu verwandeln. Statt dessen müssen wir uns auf Gottes Hilfe verlassen, wenn wir versuchen, die Wahrheit zu erkennen.

Viele wichtige Teile des Lebenspuzzles können wir zwar durch Wissen, Tatsachenkenntnis, Logik und Erfahrung erkennen, doch die entscheidenden Teile – diejenigen, die über diese Quellen hinausgehen – müssen uns von Gott offenbart und von uns im Glauben angenommen werden. Die Teile, die wir durch Erfahrung und göttliche Offenbarung erkennen können, reichen aus, um Gott kennenzulernen, um seinen Willen für uns zu entdecken und um zu erkennen, wie wir unser Leben gesund und sinnvoll gestalten können. Der Theologe Thomas von Aquin drückte es so aus: „Die Erlösung des

Menschen erfordert die göttliche Enthüllung von Wahrheiten, die die Vernunft übersteigen."

Wenn wir die Bibel als Gottes Wort akzeptieren, haben wir eine Richtschnur. Wir können lernen, warum und wie wir in der Bibel nach Wahrheit forschen sollen:

„Denn alle Schrift, von Gott eingegeben, ist nütze zur Lehre, zur Zurechtweisung, zur Besserung, zur Erziehung in der Gerechtigkeit, daß der Mensch Gottes vollkommen sei, zu allem guten Werk geschickt" (2. Timotheus 3,16-17).

Freilich kann man sich viel zu leicht darüber verwirren lassen, wie man als Gläubiger die Bibel genau interpretieren sollte. Und wie wir in dem Kapitel über religiöse Lügen gesehen haben, können die Menschen in unserer Umgebung selbst die Bibel dazu benutzen, uns Lügen einzutrichtern. Diese Tatsache ist jedoch kein Grund, die Bibel nicht mehr als Richtschnur zu gebrauchen, um die Wahrheit aus der Sicht Gottes zu verstehen. Es bedeutet nur, daß wir sorgfältig vorgehen und Augen und Sinn offenhalten müssen. Dann werden uns die Wahrheiten der Bibel zum Maßstab für andere „Wahrheiten" werden. Die Bibel ist der direkteste Weg, um Gottes Wahrheit zu suchen.

Doch die Wahrheit zu suchen bedeutet, in jedem Winkel unseres Lebens Gott zu suchen. Je besser wir Gottes Gedanken kennenlernen, indem wir mit einem offenen, fragenden Geist ein intensives Bibelstudium betreiben, und je mehr wir zu dem, was wir lernen, Wissen, Tatsachen und Logik zu Hilfe nehmen, desto leichter wird es uns fallen, die bestmöglichen Entscheidungen zu treffen.

Wahrheit – eine Voraussetzung für Gesundheit

„Sie machen mir Kopfschmerzen, Dr. Thurman“, sagte meine Patientin und rieb sich die Schläfen. „Wenn die Wahrheit so schwer zu begreifen ist, warum versucht überhaupt jemand, sie zu erkennen?“

Das ist eine sehr gute Frage.

Wir müssen die Wahrheit suchen und nach ihr leben, weil das, was wir als wahr ansehen, unseren Weg durchs Leben entscheidend prägt. Ein Psychiater hat dies sehr treffend ausgedrückt:

„Denn Wahrheit ist Wirklichkeit. Was nicht wahr ist, ist unwirklich. Je klarer wir die Wirklichkeit der Welt sehen, desto besser sind wir gerüstet, uns mit der Welt auseinanderzusetzen. Je weniger klar wir die Wirklichkeit der Welt sehen – je mehr unser Geist durch Irrmeinung, Mißwahrnehmungen und Illusionen vernebelt ist –, desto weniger sind wir in der Lage, richtige Handlungsweisen zu erkennen und kluge Entscheidungen zu treffen. Unsere Sicht der Wirklichkeit ist wie eine Landkarte. ... Wenn die Karte richtig und genau ist, wissen wir im allgemeinen, wo wir uns befinden, und wenn wir uns entschieden haben, wo wir hin wollen, wissen wir im allgemeinen auch, wie wir dorthin gelangen können. Ist die Karte dagegen falsch und ungenau, so sind wir in der Regel verirrt.“[1]

Es gibt noch einen weiteren wichtigen Grund, warum wir die Wahrheit suchen und nach ihr leben müssen. Zwischen unserer Selbstachtung und dem Maß, in dem wir uns der Wahrheit hingeben, besteht ein direkter, unausweichlicher Zusammenhang. Wenn unser Leben durch Hingabe an die Wahrheit gekennzeichnet ist, entwickeln wir ein stabiles, positives Selbstwertgefühl. Sobald wir dagegen unser Leben mit Lügen durchsetzen, wird ein echtes Selbstwertgefühl unmöglich. Wir haben es alle schon einmal erlebt, daß etwas, daß wir für wahr gehalten hatten, sich plötzlich als falsch herausstellte. Die Wahrheit schneidet dann sofort ein wie ein Messer. Wie ein Mensch „in seinem Herzen denkt", so schreibt der Verfasser des Buches der Sprüche, „so ist er" (Sprüche 23, 7, alternative Übersetzungsmöglichkeit).

Was uns hindert, die Wahrheit zu erkennen

„Ja", antwortete meine wahrheitsuchende Patientin, „aber es klingt immer noch so, als könnten wir die Wahrheit völlig verfehlen – selbst wenn wir das alles wissen. Offenbar gibt es eine ganze Menge Dinge, die uns daran hindern, die Wahrheit zu erkennen."

Sie traf den Nagel auf den Kopf. Zu den vielen Hindernissen beim Erkennen der Wahrheit gehören Vorurteile und Stolz. Vorurteile hindern uns daran, die Wahrheit zu erkennen, weil wir uns schon unsere Meinung gebildet haben. Stolz ist ein bedeutendes Hindernis beim Erkennen der Wahrheit, weil er uns arroganterweise glauben läßt, daß wir die Wahrheit bereits kennen – ob das nun stimmt oder nicht. Wenn wir uns mit Vorurteilen und Stolz beladen, kann uns die Wahrheit ins Gesicht springen und in die Nase beißen, ohne daß wir sie bemerken.

So erging es Jeff. Er hielt seine Mutter für eine Heilige. Er hatte sie noch nie in seinem Leben in Frage gestellt – und immerhin war er schon über dreißig. Selbst nachdem er geheiratet hatte, war er ihr immer noch in allen Dingen zu Willen und betrachtete ihre Ansichten als in Stein gemeißelt. Wie Sie sich denken können, war seine Frau nicht allzu begeistert, als ihr klar wurde, wie tief seine feste Meinung über seine Mutter ging. Erwartungsgemäß ging es mit der Ehe bald bergab. Als es immer schlimmer wurde, kam Jeff zu mir in die Beratung – nur seiner Frau zuliebe.

„Eigentlich finde ich das alles albern", sagte er nach mehreren Sitzungen zu mir. „Meine Frau ist einfach nur eifersüchtig auf meine Mutter. So eine Frau wie meine Mutter gibt es nicht noch einmal auf der Welt. Diese Frau ist weiser als irgend jemand sonst, dem ich je begegnet bin."

„Wie kommen Sie zu dieser Auffassung?" fragte ich. Er schaute mich an, als hätte ich eine Gotteslästerung ausgestoßen.

„Sie hat alles geopfert, damit ich eine gute Ausbildung bekomme, einen Vorsprung auf meinem Lebensweg. Nachdem mein Vater sich davongemacht hatte, hat sie mich und meinen Bruder ganz allein erzogen."

„Empfindet Ihr Bruder das auch so wie Sie?" fragte ich.

„Nein, und das kann ich ihm nicht vergeben. Er wirft ihr immer wieder vor, sie sei dominierend. Man stelle sich das vor! Mutter dominierend!"

Jeff setzte seine Besuche bei mir noch mehrere Wochen lang fort, bis er sie plötzlich abbrach. Seine Frau sagte mir, er könne es nicht ertragen, daß ich die Tugenden seiner Mutter in Frage stellte. Das letzte, was ich hörte, war, daß seine Frau ernsthaft an Scheidung dachte. Jeff hatte sich seine Meinung gebildet, und nichts konnte ihn davon abbringen, schon gar nicht die Wahrheit. Jeffs feste Meinung über die Heiligkeit seiner Mutter hielt ihn davon ab, die Wahrheit darüber zu erkennen, wie verstrickt sie waren. Den Preis dafür bezahlte er mit seiner Ehe. Auch sein Stolz hinderte ihn daran, die Wahrheit zu erkennen. Er hatte den brennenden Wunsch, so zu wirken, als kenne er die Wahrheit, obwohl es nicht so war.

Als College-Dozent fühlte ich mich manchmal gedrängt, die Fragen meiner Studenten zu beantworten, selbst wenn ich nicht die geringste Ahnung hatte, wovon ich überhaupt redete. Das ging so, bis mir eines Tages ein Student eine Frage stellte, von der ich wußte, daß ich sie nicht beantworten konnte. Anstatt mich hindurchzumogeln, um meine Dozentenwürde zu bewahren, sah ich ihn direkt an und sagte ihm, er möge die Antwort selbst herausfinden und mir dann mitteilen. Ich brachte es immer noch nicht über mich, einfach zu sagen, daß ich die Antwort nicht wußte, aber ich verstand endlich, was da vor sich ging. Es war mir wichtiger, ein gutes Bild abzugeben, als die Wahrheit zu erkennen. Noch eine lange Zeit überragte dieses Bedürfnis für mich alles andere, und solange das so war, fiel es mir sehr leicht, die Wahrheit nicht zu suchen. Mein Stolz war mir im Weg.

Von den vielen Hindernissen beim Erkennen der Wahrheit gehören also Vorurteile und Stolz mit zu den schlimmsten. Wir müssen die Wahrheit und die Gesundheit, die sie mit sich bringt, mehr wollen als alles andere, sonst wird unser Denken uns Fallen stellen und unsere Krankhaftigkeit alles verdrehen, was wir wahrnehmen. Doch ich sage meinen Patienten jeden Tag, daß sie – was auch geschehen mag – mit emotionaler und geistlicher Gesundheit belohnt werden, wenn sie sich der Wahrheit hingeben.

Wahrheit ist oft schmerzlich

„Hmmm", antwortete meine wahrheitsuchende Patientin. „Das verstehe ich. Mir wird auch klar, daß all diese Bemühungen nicht nur angenehm sind, nicht wahr?"

Meine Antwort war die alte Weisheit „Wahrheit tut weh". Dann erinnerte ich sie daran, auf wie vielerlei Weise wir Lügen dazu benutzen, um irgendwelchen Schmerzen aus dem Weg zu gehen. Raser lügen manchmal Polizisten an, um den Schmerz eines Bußgeldes zu vermeiden. Schüler lügen Lehrer an, um eine Hausarbeit nicht termingerecht einreichen zu müssen. (Als ich Universitäts-Dozent war, ließ einer meiner Studenten in einem Semester vier Großväter sterben!) Manche Steuerzahler lügen in ihrer Steuererklärung, um dem Schmerz auszuweichen, zusätzliches Geld ans Finanzamt abführen zu müssen. Ich bin sicher, daß Sie diese Liste aus eigener Erfahrung verlängern könnten.

Wahrheit tut weh. Die meisten von uns würden nicht gerne die Wahrheit über sich selbst hören, und manchmal reagieren wir verletzt oder gar zornig, wenn wir sie zu hören bekommen. Manchmal tut Wahrheit auch deshalb weh, weil sie uns zwingt, Lügen aufzugeben, an die wir uns gewöhnt haben und/oder die uns ein Gefühl der Sicherheit vermitteln. Etwas loszulassen, das uns ein Gefühl der Sicherheit gibt, das ist schwer – selbst wenn es sich um eine unglückliche Sicherheit handelt.

Kennen Sie die Geschichte von Frank Serpico, dem New Yorker Polizisten, der die seltene Eigenschaft hatte, ehrlich zu sein? Als er die Bestechlichkeit und die ungesetzlichen Handlungen bemerkte, die unter seinen Kollegen verbreitet waren, mußte er eine sehr schmerzliche Entscheidung treffen – nämlich, ob er die Wahrheit sagen wollte oder nicht. Er wußte, daß er so oder so einen hohen Preis würde bezahlen müssen. Wenn er es versäumte, die Wahrheit über die Korruption unter den Polizisten zu sagen, würde er selbst an dieser Korruption mitschuldig werden. Wenn er die Wahrheit sagte, würde er von seinen Kollegen geschnitten und geächtet werden, vielleicht sogar umgebracht. Dennoch sagte er die Wahrheit. Das Ende der Geschichte ist nicht nur glücklich. Seine Bereitschaft, die Wahrheit zu sagen, trug dazu bei, die Polizei von New York von der Korruption zu reinigen, doch in seinem persönlichen und beruflichen Leben erlitt er schweren Schaden. Jahrelang erhielt er Morddrohungen, seine Gesundheit geriet in Mitleidenschaft, und schließlich verließ er die Polizei und die Stadt. Daß er die Wahrheit sagte, hatte äußerst schmerzliche Folgen für ihn selbst und für uns alle.

„Hmmm“, machte meine wahrheitsuchende Patientin nach dieser Beispielgeschichte. „Vielleicht sollten Sie mir lieber noch einmal sagen, warum Hingabe an die Wahrheit so wichtig für mich sein soll.“

So ein Gefühl liegt nahe. Nun wissen Sie, warum so viele Menschen mit Lügen leben. Nur sehr wenige von uns werden auf eine derart harte Probe gestellt werden wie Frank Serpico, aber die Wahrheit über uns selbst und unser persönliches Leben kann für uns möglicherweise Schmerzen und Aufruhr mit sich bringen, bevor wir dadurch zur emotionalen Gesundheit finden. Wir brauchen Entschlossenheit und Wachheit, um durch die Schmerzen zur Wahrheit vorzustoßen.

Wer die Wahrheit erkennen will, muß bereit sein zu zweifeln

„Wissen Sie, was mir schwerfällt?" sagte meine Patientin und schaute an mir vorbei. „Mir fällt es wirklich schwer, manche Dinge in Frage zu stellen, die mir als Kind beigebracht worden sind. Ich bringe es kaum über mich, an solchen Dingen zu zweifeln, selbst wenn die Erwachsene in mir sagt, daß ich das tun sollte. Ist das schlecht oder gut?" fragte sie mich.

Zweifeln ist oft ein Muß, sagte ich ihr. Wir müssen viele unserer Überzeugungen bezweifeln, um herauszufinden, ob sie wahr sind. Wenn Sie der Meinung sind, Zweifel sei etwas Böses, besonders Zweifel an theologischen Lehren, dann ist diese Wahrheit für Sie vielleicht schwer zu verdauen. Doch meiner Meinung nach ist der Zweifel eine von Gott gegebene Fähigkeit, die uns hilft, das, was wir hören, auf seine Wahrheit hin zu überprüfen. Ich glaube sogar, Gott möchte, daß wir an dem zweifeln, was wir hören – selbst wenn es aus dem Munde eines Predigers kommt –, so daß wir wissen, *warum* wir glauben, was wir glauben.

John, ein junger Mann Anfang Zwanzig, kam zu mir, weil ihn seine ständigen Sorgen unfähig machten, sein persönliches Leben gut zu bewältigen. John war in einer fundamentalistischen Gemeinde aufgewachsen. Viele der Überzeugungen, die ihm als Kind beigebracht worden waren, hatte er niemals in Frage gestellt, sondern als unveränderliche Wahrheiten genommen und mit ins Erwachsenenalter getragen. Doch sein Leben als Erwachsener hatte in letzter Zeit einige dieser Traditionen ins Wanken gebracht.

Eine dieser Lehren beinhaltete, daß nur solche, die zu dieser speziellen Gemeinde gehörten, tatsächlich wahre Gläubige seien. John hatte das Undenkbare getan: er hatte sich in eine Frau verliebt, die einer anderen Denomination angehörte. Sie bekannte sich zum christlichen Glauben und war in mancher Hinsicht frommer als John selbst, doch er machte sich gewaltige Sorgen über die Ehe, auf die sie zugingen. Er brachte es nicht fertig, sich von jenen früh aufgenommenen, strengen Lehren zu lösen; und genau das hatte ich ihm gerade in unserer Sitzung vorgeschlagen.

„Wie meinen Sie das?“ entgegnete John. „Alle, mit denen ich aufgewachsen bin, glauben das gleiche wie ich. Ich habe das als Kind so gelernt. Und Sie fordern mich auf, daran zu zweifeln?“

„John“, sagte ich, „glauben Sie etwa, daß Ihre Verlobte nicht gläubig ist?“

„Natürlich nicht. Sie ist eine wunderbare Christin“, sagte er und nahm eine steife Haltung an.

„Warum fällt es Ihnen dann so schwer, diesen alten Kindheitsglauben abzuwerfen?“ fragte ich, wobei ich die Antwort schon kannte. „Warum können Sie nicht an Dingen zweifeln, die Ihnen einmal beigebracht worden sind?“

Er warf mir einen schmerzvollen Blick zu. „Nun, ich habe bisher immer geglaubt, zweifeln sei Sünde.“

Ich lehnte mich in meinem Sessel zurück. „John, ich kann Sie wirklich verstehen – und zwar aus einem guten Grund“, sagte ich. „Wissen Sie, ich bin in der gleichen Gemeinde aufgewachsen wie Sie, und man hat mir die gleiche Lüge erzählt. Ich weiß, wie schwer es ist, an etwas zu zweifeln, das Ihnen Menschen gesagt haben, denen Sie vertrauten – besonders, wenn es einen ‚frommen Zuckerguß‘ hat.“

„Sie auch?“ fragte er mit weit aufgerissenen Augen. „Dann meinen Sie also, es ist in Ordnung, wenn man zweifelt?“

„John“, sagte ich, „es ist nicht nur in Ordnung, wenn man zweifelt; ich glaube, es ist eine grundlegende Voraussetzung, um die Wahrheit zu erfassen. Man kann nicht an Überzeugungen aus zweiter Hand festhalten und gleichzeitig emotional gesund sein. Konstruktiver Zweifel kann Ihnen helfen, Ihren eigenen Glauben zu festigen."

Doch es ist nicht leicht, gegen den Strom zu schwimmen, nicht wahr? Es kann sehr schwer sein, an althergebrachten Überlieferungen zu zweifeln. Was wir immer wieder zu hören bekommen, ist dies: „Aber das haben wir noch nie so gemacht. Das kann nicht richtig sein. Wir haben immer so gedacht."

Erinnert Sie diese Einstellung an etwas in der Bibel? Ich denke dabei immer an die Menge, der Barabbas lieber war als Christus. Was hätten Sie getan, wenn Sie in dieser Menge gestanden hätten? Wir lassen uns leicht von der allgemeinen Meinung mitreißen und erwerben uns Anerkennung, wenn wir mit den anderen übereinstimmen; und doch folgen wir dabei einer Lüge. Man muß schon ehrlich und mutig sein, um aus der Menge hervorzutreten und zu sagen: „Mir ist egal, was ihr anderen denkt; ich stehe zu dem, was ich für wahr halte!"

Was wäre die Alternative zu diesem Mut? Blind einen Glauben aus zweiter Hand von unseren Eltern, Predigern, Lehrern und Freunden zu übernehmen, die ebenso leicht auf Lügen hereinfallen können wie wir.

Erinnern Sie sich an Thomas, den zweifelnden Jünger? Ich bin ein Thomas, und auch ich möchte, daß man mir etwas zeigt, bevor ich es glaube. Doch für diese „Zeig-mir"-Haltung gibt es eine wichtige Einschränkung. Wenn Sie sich die Begegnung des Thomas mit dem auferstandenen Christus genau ansehen, werden Sie feststellen, daß Christus von Thomas Glauben verlangte, nachdem er ihm einmal die gewünschten Beweise gegeben hatte (Johannes 20,27). Zweifel ist gut, bis zu einem gewissen Punkt. Wenn jemand sich jedoch die gleiche Wahrheit immer wieder aufs neue beweisen lassen möchte, dann wird er vielleicht niemals eine Hingabe an sie vollziehen.

Eine undramatische Wahrheit kann durch eine aufregende Lüge verdrängt werden

Meine Patientin nickte zu dem, was ich gerade gesagt hatte. „Ich verstehe schon, daß nicht der Zweifel das Problem wäre", sagte sie. „Aber was mir die größten Probleme verursacht, sind die Lügen, die so unwahrscheinlich gut klingen."

Sie hatte recht. Die Lügen, an denen wir nicht zweifeln wollen, sind sehr oft diejenigen, von denen wir uns wünschen, sie wären wahr. Manche Lügen klingen einfach besser als die Wahrheit.

Im amerikanischen Fernsehen gab es einmal eine Reihe von witzigen Werbefilmen einer japanischen Autofirma. Darin log die ganze Zeit über ein Verkäufer mit aufgesetztem Lächeln und aalglattem Auftreten den Zuschauern etwas darüber vor, was das Auto angeblich zu bieten hätte – eine doppelte Satelliten-Antenne, eine eingebaute Joghurteismaschine, einen Benzinverbrauch von etwa fünf Litern auf tausend Kilometern und viele andere exotische Extras. Das Witzige an dieser Reklame war, daß jeder wußte, daß der Verkäufer log, und sich über dessen exotischen Verkaufsstil amüsieren konnte. Die Leute, die uns im wirklichen Leben belügen, stellen es leider nicht so offensichtlich an, sondern mischen gerade genug Wahrheit mit hinein, daß das, was sie sagen, wahr klingt. Und wenn uns dann auch noch gefällt, was wir hören, dann sind wir in Versuchung, die Lüge ganz zu schlucken.

Welches sind diese Lügen? Viele davon haben wir in dem Kapitel über weltliche Lügen erörtert. Die Lüge „Du kannst alles haben" ist vielleicht die schlimmste von allen. Wir *wollen* sie glauben. Wer von uns wollte nicht alles haben? Also hören wir zu, vernehmen ein *bißchen* Wahrheit (nämlich, daß wir manches haben können) und glauben dann die ganze Lüge.

Eine glatte Lüge aus der Kategorie der religiösen Lügen, die heute viele Menschen schädigt, ist das Gesundheits- und

Wohlstands-Evangelium, das auf der Lüge „Du kannst alles haben“ basiert. Es ist ein aufregender Gedanke, daß Gott an unserem finanziellen Gedeihen genauso interessiert sein soll wie an unserem geistlichen Wachstum. Sind wir jedoch nicht mit Wohlstand gesegnet, machen wir uns Sorgen, daß wir irgendwie nicht „das Klassenziel erreichen“. Wir ignorieren die Wahrheit, daß die meisten unserer Glaubenshelden in finanzieller Hinsicht arme Leute waren.

Aufregende Lügen können wir auch jeden Tag in der Werbung zu hören bekommen. Weniger interessante Produkte müssen ebenfalls verkauft werden, also verleiht man ihnen Etiketten wie „erstaunlich“ oder „Durchbruch“ oder „Neu! Neu! Neu!“, auch wenn in Wirklichkeit nichts davon zutrifft. Das Mundwasser, das angeblich gegen Erkältungen half, war ein aufregender Gedanke, stellte sich aber als Lüge heraus. Andere Lügen, wie die von der Zahnpasta, die Sex-Appeal verleihen sollte, erkennen wir an ihrer Albernheit – doch die Produkte kaufen wir trotzdem, weil uns der Gedanke gefällt. Die schlimmsten Beispiele für solchen Mißbrauch sind geradezu kriminell. Vielleicht haben Sie von dem Babynahrungs-Skandal in den USA gehört, bei dem ein bekannter und angesehener Hersteller von Babynahrung buchstäblich gefärbtes Wasser als Apfelsaft verkaufte. Wie man hörte, waren die Verantwortlichen, die die Entscheidung getroffen hatten, die Verbraucher zu belügen, selbst solide Familienväter – wenn auch offensichtlich solche, die sich so in ihre eigenen Lügen verstrickt hatten, daß sie es fertigbrachten, die Öffentlichkeit zu belügen und Babys gefärbtes Wasser zu verabreichen.

Natürlich sind aufregende Lügen nicht ausschließlich ein Produkt der Religion oder der Werbung. Wir bekommen sie täglich von unseren Nachbarn, unseren Kollegen und von uns selbst zu hören. Die aufregende Lüge ist ein großes Hindernis für die Wahrheit, besonders wenn sie mit ein wenig Wahrheit vermischt ist.

Wahrheit besteht für immer

Ich muß meine wahrheitsuchende Patientin und Sie auf etwas sehr Wichtiges hinweisen. Wir müssen uns klarmachen, daß letzten Endes nur die Wahrheit bleiben wird. Wir müssen die Wahrheit als etwas betrachten, das in sich so rein und stark ist, daß nichts – nicht einmal das Ende unseres irdischen Lebens – sie aufheben kann. Wenn wir die Wahrheit nicht als etwas Ewiges betrachten, wird unsere Hingabe an sie schwach sein, und wir werden sie nicht zu unserem Wachstum und unserer Reifung gebrauchen können. Meister Eckhart sagte: „Die Wahrheit ist etwas so Edles, daß ich, wendete Gott sich von ihr ab, mich zur Wahrheit halten und Gott fahrenlassen würde." Ich stimme Eckhart zu. Was für ein Gott wäre das, der sich von der Wahrheit abwenden könnte? Glücklicherweise wird Gott nichts dergleichen tun, so daß wir uns keine Sorgen zu machen brauchen, wir müßten ihn fahrenlassen. Die Wahrheit muß unser Ausgangspunkt sein. Mit dem englischen Reformator John Wycliffe müssen wir glauben, daß „am Ende die Wahrheit siegen wird".

Die Wahrheit über Veränderung

Meine Patientin und ich hatten unser Gespräch über die Wahrheit beendet. Schweigend und gedankenvoll saßen wir beide einen Augenblick lang da. Dann holte sie tief Luft und lehnte sich auf dem Sofa schwer zurück.

„Puh“, sagte sie kopfschüttelnd. „Was Sie da sagen, scheint nicht leicht zu sein. Aber ich glaube, Sie haben recht. Es ist bestimmt nützlich, all diese Wahrheiten über die Wahrheit zu kennen.“

Sie hielt inne, schaute auf ihre Uhr, lehnte sich dann mit tiefernstem Gesicht vor, stützte ihre Ellbogen auf die Knie und sagte: „Aber ich muß Ihnen gestehen, daß da noch etwas ist, um das ich mir mehr Sorgen mache. Ich fange an, gegen meine Lügen zu kämpfen, und ich weiß nicht, was mich erwartet. Wissen Sie, was ich dafür durchmachen muß?“

Wann immer wir versuchen, unsere Lügen zu besiegen und durch Wahrheit zu ersetzen, werden wir einen bestimmten Ablauf durchleben. Ich habe dieses Muster Hunderte von Malen im Leben meiner Patienten beobachtet, wenn sie mit ihren Lügen kämpften und sich bemühten, zur Wahrheit zu finden. Auch in meinem eigenen Leben habe ich es beobachtet. Aller Wahrscheinlichkeit nach werden auch Sie diesen Ablauf durchmachen, wenn Sie versuchen, Ihre Lügen durch die Wahrheit zu ersetzen.

Ich möchte Ihnen diesen Ablauf schildern, damit Sie wissen, was Sie erwartet.

Phase eins: Leben im Schmerz

„Sie wollen also wissen, was Sie erwartet?“ fragte ich sie.

„Sicher! Die Kenntnis des Feindes ist der halbe Sieg“, antwortete sie. „Ich bin ganz Ohr.“

„In Ordnung. Gehen wir Ihre voraussichtliche Erfahrung Schritt für Schritt durch. Ich kann Ihnen vier Phasen nennen“, sagte ich und setzte mich auf meinem Stuhl zurecht. „In Phase eins glaubten Sie bestimmte Lügen, die Ihnen ein ziemlich festes Maß an Unglücklichsein verursachten, richtig?“

„Das kann man wohl sagen“, meinte sie.

„Aber wie die meisten Menschen blieben Sie bei Ihren Lügen, obwohl Sie das unglücklich machte. Die Psychologen nennen das ein ‚neurotisches Paradox‘, bei dem man an bestimmten Verhaltens- oder Denkweisen hängt, obwohl sie selbstzerstörerisch oder schmerzhaft sind.“

„Wie bei einem Alkoholiker, der immer weiter trinkt, obwohl er damit sein Leben ruiniert, oder einem Menschen mit Übergewicht, der immer wieder zuviel ißt, obwohl ihn das unglücklich macht“, fügte sie hinzu.

„Genau“, sagte ich. „Sie wußten, daß Sie da ein Problem hatten, das Sie eigentlich ändern müßten, aber Sie haben nichts Entscheidendes unternommen, um es zu ändern.“

„Erinnern Sie mich nicht daran. Wie steht es mit Phase zwei?“ trieb mich meine wahrheitsuchende Patientin an.

Phase zwei: Der Schmerz wird schlimmer

„In der Phase zwei haben Sie die große Entscheidung getroffen, etwas gegen Ihr Problem zu tun, und angefangen, sich um eine Veränderung zu bemühen.“

„Ja, da bin ich jetzt, richtig“, stimmte sie zu.

„In dem Moment, wo Sie etwas gegen Ihr Problem tun, werden Sie sich höchstwahrscheinlich schlechter fühlen.“

„Großartig“, seufzte sie.

„Mit anderen Worten, gerade dann, wenn sie versuchen, Ihre Lügen zu beseitigen, steigert sich der emotionale Schmerz in Ihrem Leben. Deutlich wird das, wenn wir zum Beispiel an den übergewichtigen Mensch denken, den Sie erwähnt haben. Wenn er beschließt, durch Sport und Diät abzunehmen, sind die ersten paar Tage oder Wochen die schlimmsten. Der Betreffende hat nicht nur immer noch sein Übergewicht, sondern nun auch noch schmerzende Muskeln, und er fühlt sich schlechter. Der emotionale Schmerz von jemandem, der Übergewicht hat und etwas dagegen zu tun versucht, ist schlimmer als der emotionale Schmerz von jemandem, der einfach nur Übergewicht hat.“

„Ich weiß schon, was jetzt kommt“, unterbrach mich meine Patientin. „Manchen Leuten wird es an diesem Punkt zuviel, und sie kneifen – sie gehen zurück zu Phase eins als dem geringeren Übel, richtig?“

„Genau“, stimmte ich zu. „Eigentlich ist die Versuchung zu kneifen immer ein Problem, aber in Phase zwei ist sie am stärksten.“

„Wie komme ich denn dann durch Phase zwei hindurch?“ fragte sie.

„Nun, bei den meisten Leuten ist die Fähigkeit, diese Phase durchzustehen, teilweise – wenn nicht sogar größtenteils – davon abhängig, wie gut sie ihre Bedürfnisbefriedigung hinausschieben können. Wenn sich Ihre harte Arbeit für Sie unbedingt sofort auszahlen muß, werden Sie Phase zwei kaum durchstehen können. Aber wenn Sie bereit sind, über einen langen Zeitraum hinweg gewissenhaft zu arbeiten, bevor Sie Ihre ‚Belohnung‘ bekommen, dann werden Sie es schaffen.“

Sie stöhnte und machte eine enttäuschte Handbewegung. „Das wird eine elende Zeit für mich“, sagte sie.

„Das geht jedem so“, tröstete ich sie. „Phase zwei ist so schwierig, daß wir alle eine Menge Unterstützung und Ermutigung brauchen, um sie durchzustehen.“

Phase drei: Vom Schmerz zur Freude

„Also gut, das waren die schlechten Nachrichten“, sagte sie. „Aber in Phase drei wird es doch sicherlich besser?“

„Nun, in Phase drei werden Sie die ersten positiven Ergebnisse Ihrer Anstrengungen sehen, und Ihr Schmerz wird allmählich nachlassen. Doch zu Beginn dieser Phase spüren Sie noch einiges von dem Schmerz aus der zweiten Phase, und es wird Sie einige Mühe kosten, auch nur zu der Schmerzebene zurückzukehren, die Sie in Phase eins hatten.“

„Zurück ins Elend?!“ rief sie aus.

Ich lächelte. „Das ist tatsächlich ein wichtiger Punkt, weil auch in Phase drei noch sehr viele kneifen. Darauf müssen Sie achten. Aber das Beste ...“

„Oh, gut, es *gibt* ein Bestes!“ sagte sie.

„Das Beste ist, daß Ihre Anstrengungen immer mehr positive Ergebnisse erbringen werden und Sie anfangen, Hoffnung und Ermutigung zu empfinden.“

Sie richtete sich auf und lächelte beinahe. „Weiter!“

„Und diese Gefühle werden anfangen, die dritte Phase zu beherrschen. Optimismus und Hoffnung werden stärker und stärker, bis Sie sich ausgeglichen fühlen und bis Sie spüren, wie Sie immer weiter kommen und es Ihnen immer besser geht.“

„Und dann?“ drängte sie.

„Dann kommt Phase vier“, sagte ich.

Phase vier: Die Hochebene

„Die vierte Phase wird bestimmt gut“, meinte sie erwartungsvoll.

„In der vierten Phase erreichen wir allmählich eine Hochebene. Die harte Arbeit der zweiten und dritten Phase treibt Blüten, und sie werden vermutlich ein gewaltiges Erfolgsgefühl verspüren.“

„Gut“, sagte sie grinsend.

„Allerdings ist eine Gefahr dabei“, fuhr ich fort.

„Dachte ich mir.“

„Die Gefahr“, erklärte ich, „besteht darin, daß Sie sich jetzt in der Freude und Befriedigung über Ihren Erfolg sonnen und die Tatsache aus den Augen verlieren, daß Sie die harte Arbeit fortsetzen müssen, die Sie bis zur vierten Phase gebracht hat; andernfalls wird alles wieder weggespült werden.“

„Also selbst dann, wenn ich da bin, wo ich hin will, kann ich nicht lockerlassen?“ fragte sie.

„Richtig“, antwortete ich. „Sehen Sie, auch die vierte Phase bringt Schmerzen mit sich – dem Mythos zum Trotz, man könne eine Stufe des Nirwana erreichen, auf der aller Schmerz aufhört –, denn Sie müssen immer noch daran arbeiten, sich den Erfolg zu bewahren, den Sie erreicht haben. Wenn ein Mensch durch eine Diät Gewicht verloren hat, dann heißt das nicht, daß er nicht daran arbeiten muß, in Zukunft sein Gewicht zu halten.“

„Aber ich werde doch sicher bis dahin genug gelernt haben, das mir helfen wird, in Phase vier zu bleiben“, sagte sie.

„Das stimmt. Das ist einer der Vorteile der vierten Phase. In der zweiten und dritten Phase sind Ihnen Ihre Anstrengungen allmählich zur Gewohnheit geworden, und das hilft Ihnen normalerweise, sich die positiven Ergebnisse, die Sie Ihrem Leben eingepfropft haben, zu bewahren. Sie setzen all Ihr Wissen und Ihre Erfahrung dazu ein, sich die alten Gewohnheiten und Lügen vom Leib zu halten.“

„Wahrscheinlich kommt alles darauf an, wie tief verwurzelt und wie gefährlich die Lüge ist, die man loszuwerden versucht“, dachte sie laut.

„Ganz bestimmt. Die Intensität der zweiten Phase zum Beispiel ist von Person zu Person und von Problem zu Problem ganz unterschiedlich“, erklärte ich. „Ihre Probleme zum Beispiel sind tief eingegraben, aber noch lange nicht so tief wie etwa die Probleme eines Erwachsenen, der als Kind sexuell belästigt wurde. Doch kleinere Probleme …“

„Wie zum Beispiel, wenn ich Fehler nicht zugeben kann oder erwarte, daß das Leben sich nach meinen Wünschen richtet?" fragte sie.

„Ja, bei solchen Problemen ist es nicht so schmerzhaft, sich ihnen zu stellen, und deshalb ist es auch leichter, hier Verbesserungen vorzunehmen. Und wie lange ein Mensch für jede Phase braucht, hängt natürlich auch von seinen Arbeitsgewohnheiten und seiner Entschlossenheit ab."

„Da ich ein ziemlich fauler Mensch bin – wie meinen Sie das?" sagte sie stirnrunzelnd.

„Nun, ich meine, daß manche Leute vielleicht tatsächlich wegen ihrer schwachen und passiven Arbeitsgewohnheiten ihr ganzes Leben lang in Phase eins steckenbleiben, während andere im Eiltempo die vier Phasen durchjagen, weil sie einfach entschlossener an die Sache herangehen."

„Wie weit kann ich in Phase vier kommen?" fragte sie.

„Wo jemand in Phase vier in die weite Ebene übergeht, ist von Mensch zu Mensch unterschiedlich, denn eine Grenze wird oft durch die Gaben und Fähigkeiten eines Menschen bestimmt. Mit anderen Worten, es wird in jedem Bereich Ihres Lebens immer Leute geben, die weiter gekommen sind als Sie, und andere, die Sie hinter sich gelassen haben. Aber Sie sollten nur daran denken, Ihren eigenen Hinterhof aufzuräumen."

Meine Patientin wurde sehr still. Sie rutschte unruhig auf ihrem Sessel herum, dann trommelte sie mit den Fingern auf die Armlehne. „Dr. Thurman, gibt es keinen leichteren Weg, all das zu erreichen?"

„Erinnern Sie sich an dieses Nichtraucher-Programm, das Sie ausprobiert haben? Wie hieß es doch gleich? ‚Nichtraucher in drei Minuten'?" fragte ich sie.

„Ja, erinnern Sie mich nicht daran! Es hätte heißen müssen ‚Nichtraucher *für* drei Minuten'", klagte sie.

„Sehen Sie, die Welt weiß ganz genau, daß wir alle solche Werbeversprechungen begierig aufsaugen, weil wir uns bessern wollen, ohne irgendwelche Schmerzen zu erleiden", sagte ich. „Das ist der ‚Große Mythos' über Veränderung – daß man sie schmerzlos erreichen könne. Beantwortet das Ihre Frage?"

„Na schön, lassen Sie uns konkret werden, damit ich weiß, ob ich es richtig verstanden habe", sagte sie. „Sie wissen, daß ich ein Problem mit der Lüge habe, ich müsse perfekt sein."

„Richtig, und Ihre Phase eins, in der Sie nichts getan haben, um das zu ändern, war furchtbar, nicht wahr?"

„Ganz bestimmt, sonst wäre ich niemals zu Ihnen gekommen", sagte sie.

„In den Phasen zwei und drei haben Sie sich der Mühe und der harten Arbeit unterzogen, zu erkennen, daß Sie nicht Gott sind, daß Irren menschlich ist, daß das Leben schwierig ist und daß Sie mit Gottes Hilfe Ihr Bestes tun können. Und während sich diese Wahrheiten in Ihrem Leben ausbreiten, haben Sie emotional immer weniger zu leiden. So bleibt Ihnen mehr Energie übrig, um das Leben voller auszuleben. Diese Energie bringt Sie direkt nach oben zu den höheren Ebenen des Erfolges in Phase vier. Mit Ihrem Perfektionismus hätten Sie es niemals bis zur vierten Phase geschafft."

„Und wie steht es mit der Zukunft?"

„Ob Sie in Phase vier bleiben oder nicht, hängt davon ab, ob Sie sich weiterhin an die Wahrheit halten oder sich erneut der Lüge zuwenden."

„Es hängt also alles von mir ab, nicht wahr?" sagte sie, mehr als Feststellung denn als Frage.

„So ist es!"

Ein Beispiel

Meine Patientin seufzte. „Könnten wir ein Beispiel aus meiner eigenen Erfahrung finden?"

„Okay", sagte ich. „Nehmen wir eine kleine Sache; etwas, das Sie bereits aufgearbeitet haben."

„Schön", sagte sie. „Kleine Dinge können für mich riesige

Ausmaße annehmen, wie Sie wissen. Ich wette, ich weiß auch schon, welche kleine Sache Sie im Sinn haben."

„Erinnern Sie sich an unser Mißverständnis darüber, ob ich Ihre Tochter in die Therapie nehmen würde oder nicht?"

„Ja. Das ist ein gutes Beispiel."

„Nun, das Mißverständnis war zugegebenermaßen mein Fehler. Ich hatte Ihnen gesagt, daß ich Ihre Tochter behandeln würde ...", fing ich an.

„Und als ich dann anrief, um den Termin zu vereinbaren, sagte mir Ihre Sprechstundenhilfe, Sie würden keine neuen Patienten mehr annehmen", beendete sie meinen Satz.

„Ich hatte ihr gesagt, sie solle das den Leuten sagen."

„Es war noch eine Woche bis zu unserer eigenen Sitzung, so daß ich eine ganze Woche lang darüber schäumen konnte. Zuerst regte ich mich sehr darüber auf."

„Doch was taten Sie dann statt dessen?"

„Ich brachte meinen Tagebucheintrag mit zu unserer Sitzung", sagte sie.

„Und den habe ich auch noch. Lassen Sie mich ihn herausholen. Sie verwendeten die ABCDE-Methode, die Sie gelernt hatten, um die Lügen zu überwinden, die Sie sich selbst erzählten. Sie setzten sich hin und zeichneten den Vorfall auf – die Lügen, durch die Sie sich so aufgeregt hatten, und Ihre emotionale Reaktion darauf. Dann stellten Sie Ihren Lügen die Wahrheit entgegen", sagte ich. Ich suchte nach dem Blatt. „Ah, hier ist es."

Der Tagebucheintrag sah etwa so aus:

A) *Das Ereignis:* Dr. Thurman sagte mir, er wolle mit meiner Tochter sprechen; doch seine Sprechstundenhilfe sagte, er nehme keine neuen Patienten an.

B) *Selbstgespräch:* Das ist nicht fair. Dr. Thurman sollte tun, was er versprochen hat. Ich kann nicht glauben, daß er mir so etwas antut. Wenn sein Terminkalender voll ist, warum hat er dann überhaupt erst ja gesagt? Na ja, irgendwie bin ich zu sehr Mutter und Glucke. Ich hätte ihn nie bitten sollen, mit

meiner Tochter zu sprechen. Ich brauche Dr. Thurmans Anerkennung, aber ich mache vor ihm immer so einen Narren aus mir.
C) *Emotionale Reaktion:* Ich komme mir wirklich blöd vor, weil Dr. Thurman nicht mit meiner Tochter sprechen will. Ich bin sicher, er findet, daß ich mich in der ganzen Sache albern benehme, und das gibt mir das Gefühl, nichts wert zu sein. Ich fühle mich gedemütigt, und ich bin wirklich zornig.
D) *Wahrheitsgemäßes Selbstgespräch:* Na schön, warten wir's ab. Denken wir in Ruhe darüber nach. Dr. Thurman hat mir etwas zugesagt und dann etwas anderes getan. Auch wenn es schön wäre, wenn er tun würde, was er sagt, hat er doch das Recht, seine Meinung zu ändern. Es stimmt, daß er ja sagte, als ich ihn fragte, ob er mit meiner Tochter sprechen wolle; aber es stimmt auch, daß sein Terminkalender voll ist. Warum er ja gesagt hat, ist nicht wichtig.
Ich neige wirklich dazu, mich als Mutter wie eine Glucke aufzuführen, aber ich bin eben eine Mutter, die sich Sorgen um ihre Tochter macht. Als ich Dr. Thurman fragte, ob er mit meiner Tochter sprechen wolle, tat ich, was ich zu dem Zeitpunkt für richtig hielt. Ich mache nicht immer einen Narren aus mir. Daß ich Dr. Thurman mißverstanden habe, bedeutet nicht, daß ich töricht oder dumm bin. Und wenn Dr. Thurman mich für albern hält, dann ist das in Ordnung (es ist nicht furchtbar oder schrecklich). Ich habe keine Kontrolle darüber, was er oder irgend jemand sonst von mir denkt. Und ich brauche nicht unbedingt seine Anerkennung, um ein gutes Bild von mir selbst zu haben.

„Das ist ein gutes Beispiel", sagte sie. „Nachdem ich das alles geschrieben hatte, war ich in der Lage, zu unserer Sitzung zu kommen und Ihnen ohne Zorn oder Frustration gegenüberzutreten. Ich kann gar nicht glauben, daß ich schon wieder vergessen hatte, wie das war."

„Sie sollten so etwas nicht vergessen, und Sie sollten dabei bleiben, Ihre Fähigkeit, die Wahrheit zu suchen, auszuüben –

so wie hier", sagte ich. „Sie haben jeder Ihrer Lügen die entsprechende Wahrheit entgegengesetzt. Dadurch verwandelte sich Ihr Zorn auf mich und über die Situation in Gelassenheit und Freimut, als Sie mit mir darüber sprachen. Das wäre früher ganz anders gelaufen, nicht wahr?"

„O ja", gab sie zu. „Mein altes Ich wäre über den Vorfall nicht nur sehr verletzt und zornig gewesen, sondern hätte daran festgehalten. Vielleicht wäre ich nicht einmal weiter zur Therapie gekommen, oder ich hätte meinen Zorn hinuntergeschluckt, ohne Sie wissen zu lassen, was geschehen war. Aber diesmal war ich in der Lage, mich selbst zu überreden, zur Wahrheit zurückzukehren und mit dem Vorfall richtig umzugehen."

Sie lächelte. „Ich bin froh, daß sie diesen Tagebucheintrag aufgehoben haben", sagte sie. „Damals hat es so geklappt. Diese Art, mich mit einem Problem auseinanderzusetzen, werde ich wieder anwenden."

Ich habe buchstäblich Hunderte von Beispielen für solche Besserungen wie bei dieser Patientin erlebt. Ich wünschte, ich könnte Ihnen „Vorher"- und „Nachher"-Schnappschüsse des seelischen und geistlichen Zustandes vieler meiner Patienten zeigen, die sich der Wahrheit hingegeben haben. Auf den „Vorher"-Bildern wären deprimierte, sorgenvolle, zornige, von Schuldgefühlen geplagte Leute zu sehen. Die „Nachher"-Bilder würden Menschen zeigen, auf denen nun ein viel geringeres emotionales Gewicht lastet. Diese Veränderungen sind nicht meinen Fähigkeiten als Therapeut zu verdanken, sondern der Tatsache, daß jeder, der sein Leben auf Wahrheit baut, einen Weg des emotionalen Wachstums betritt.

Phase fünf: Die Freiheit, wir selbst zu sein

Nun kennen also Sie und meine wahrheitsuchende Patientin die Veränderungen, die das Streben nach der Wahrheit mit sich bringt. Es gibt jedoch noch eine weitere Phase, auf die eine Frage hinlenkt, die Sie sich früher oder später stellen werden: „Nachdem ich so hart gearbeitet habe, um zu ihr durchzudringen – was bringt mir die Wahrheit eigentlich?"

Über dem Haupteingang des Verwaltungsgebäudes der Universität von Texas sind die Worte eingemeißelt: „Ihr werdet die Wahrheit erkennen, und die Wahrheit wird euch frei machen." Während ich dort studierte, habe ich diese Worte mehrere hundertmal gelesen, wenn ich auf dem Unigelände unterwegs war. Sicherlich glaubte ich an diese Worte. Ganz bestimmt hatte ich sie schon in der Bibel gelesen; aber ich bin mir nicht sicher, daß ich auch auf einer tieferen Ebene wirklich glaubte, daß sie wahr seien. Während mancher emotional und geistlich schwerer Zeiten dort kam es mir ganz und gar nicht so vor, als seien diese Worte wahr. Mir schien eher, die Wahrheit wolle mich versklaven, nicht befreien.

Die meisten meiner Patienten haben in ihrem persönlichen Leben das gleiche Problem. Mit dem Verstand glauben sie, daß die Wahrheit in der Lage sei, sie frei zu machen. Sie kommen in die Beratung, weil sie erwarten, dort die Wahrheit darüber entdecken zu können, wer sie sind und wie sie sich besser im Leben zurechtfinden können. Doch vielen von ihnen scheint die Wahrheit, wenn sie sie einmal gefunden haben, eher weh zu tun, als daß sie ihnen hilft. Das ist einer der Hauptgründe, warum viele Patienten irgendwann unterwegs aus der Therapie aussteigen. Doch wie ich schon so oft auf diesen Seiten betont habe: Der Weg zu geistlicher und emotionaler Gesundheit führt darüber, daß wir der Wahrheit in unserem Leben offen ins Gesicht sehen – und das Ergebnis ist die Freiheit, die Menschen zu sein, die wir zu sein bestimmt sind.

Was für eine Art von Freiheit ist das? Wenn Sie bis hierher

gelesen haben, dann wissen Sie, daß ich nicht eine Freiheit von Schmerzen meine. Schmerz ist ein Teil unseres Lebens – wie sehr auch unser Bild von uns selbst, den anderen und der Welt um uns her der Wahrheit entsprechen mag. Aber die Wahrheit macht uns frei von unnötigen Schmerzen. Lügen loswerden heißt unnötige Schmerzen loswerden. Wenn die Wahrheit Schmerzen verursacht, dann sind es emotional und geistlich heilsame Schmerzen, während Lügen Schmerzen verursachen, die das persönliche Wachstum hindern. Ein Leben, das auf einer Mischung von Lüge und Wahrheit beruht, wie es bei den meisten von uns der Fall ist, kennt sowohl heilsame als auch zerstörerische Arten von Schmerzen.

Im ersten Kapitel haben wir über die Kassetten gesprochen, die wir in unseren Köpfen haben – diese Kassetten spielen uns ständig entweder Wahrheiten oder Lügen vor, die unser gesamtes Handeln und Denken beeinflussen. Führen Sie diesen Gedanken einen Schritt weiter, und stellen Sie sich diese Kassetten als große Computerbänder vor – Computerprogramme, wenn Sie so wollen. Wenn Ihr Programm aufgrund der darin enthaltenen Lügen fehlerhaft ist, werden die „Daten", die es täglich zu analysieren hat, die falschen Reaktionen auslösen. Ist Ihr Programm jedoch fehlerfrei – also der Wahrheit entsprechend – so wird es die richtigen Reaktionen aufrufen, was auch immer Ihnen begegnen mag.

Hat es je einen Menschen gegeben, der ein vollkommen fehlerfreies „Programm" hatte? Jesus Christus war der einzige. Er hatte keine „Aussetzer" in seinem Denken, die ihn veranlaßt hätten, die „Daten" in seinem Leben falsch zu analysieren. Das ist, glaube ich, der Grund, warum er angesichts der schrecklichen Dinge, die ihm widerfuhren, emotional und geistlich gesund blieb. Genau aus diesem Grund ermahnt die Bibel die Christen, den „Sinn Christi" zu entwikkeln – damit wir mit allem richtig umgehen können, was uns das Leben bringt, und dabei gesunde Menschen bleiben. Diese Gesundheit macht es uns möglich, in der Finsternis, die uns umgibt, „Licht" und „Salz" zu sein.

Wird also die Wahrheit Sie frei machen? Ich kann Ihnen nur das sagen, was ich in meinem Leben und im Leben meiner Patienten als wahr erfahren habe. Meine wahrheitsuchende Patientin könnte Ihnen erzählen, was Sie gelernt hat. Ich habe Ihnen gezeigt, wie Sie es anstellen können, Ihre Lügen loszuwerden und sie durch die Wahrheit zu ersetzen. Doch bis Sie sich der Aufgabe widmen, die Wahrheit zu praktizieren, werden Sie nicht am eigenen Leibe erfahren, was sie Ihnen einbringen kann.

Daß Sie bis hierher gelesen haben, war bereits eine mutige und disziplinierte Anstrengung, den Lügen in Ihrem Leben gegenüberzutreten und herauszufinden, wie die Wahrheit Ihnen helfen kann, gegen diese Lügen zu kämpfen. Von diesem Punkt an werden Sie weitere Entscheidungen treffen – ob Sie diesen Prozeß fortsetzen oder abbrechen wollen. Bleiben Sie dabei, egal, wie lange es dauert. Der geistliche und emotionale Lohn wird nicht ausbleiben – Gott hat uns so geschaffen!

ANHANG

Lügen überwinden – Vernunft- und Glaubenswahrheiten

In diesem Anhang liste ich zu allen Lügen, die wir in den vorausgegangen Kapiteln erörtert haben, Wahrheiten auf (möglichst sowohl Vernunft- als auch Glaubenswahrheiten). Sie können sie benutzen, um diesen Lügen entgegenzutreten und sie zu ersetzen. Die verschiedenen Wahrheiten, die Sie hier finden, eignen sich gut zum Auswendiglernen und Nachdenken in Ihrem Kampf gegen die Lügen, die Sie glauben.

SELBSTLÜGEN

„Ich muß perfekt sein."

Vernunftwahrheit: Irren ist menschlich.
Glaubenswahrheit: Ich rede aber von der Gerechtigkeit vor Gott, die da kommt durch den Glauben an Jesus Christus zu allen, die glauben. Denn es ist hier kein Unterschied: sie sind allesamt Sünder und ermangeln des Ruhmes, den sie bei Gott haben sollten (Römer 3,22-23).

Wenn wir sagen, wir haben keine Sünde, so betrügen wir uns selbst, und die Wahrheit ist nicht in uns (1. Johannes 1,8).

„Alle müssen mich liebhaben."

Vernunftwahrheit: Man kann es nicht allen Menschen recht machen.
Glaubenswahrheit: Alles, was ihr tut, das tut von Herzen als dem Herrn und nicht den Menschen, denn ihr wißt, daß ihr von dem Herrn als Lohn das Erbe empfangen werdet (Kolosser 3,23-24).

Predige ich denn jetzt Menschen oder Gott zuliebe? Oder suche ich Menschen gefällig zu sein? Wenn ich noch Menschen gefällig wäre, so wäre ich Christi Knecht nicht (Galater 1,10).

„Es ist leichter, Problemen auszuweichen, als sich ihnen zu stellen."

Vernunftwahrheit: Probleme verschlimmern sich normalerweise, wenn man versucht, ihnen auszuweichen.
Glaubenswahrheit: Meine Brüder, ich schätze mich selbst noch nicht so ein, daß ich's ergriffen habe. Eins aber sage ich: Ich vergesse, was dahinten ist, und strecke mich aus nach dem, was da vorne ist, und jage nach dem vorgesteckten Ziel, dem Siegespreis der himmlischen Berufung Gottes in Christus Jesus (Philipper 3,13-14).

„Ich kann nicht glücklich sein, wenn nicht alles nach meinen Vorstellungen geht."

Vernunftwahrheit: Nicht das, was Ihnen passiert, macht Sie unglücklich, sondern die Art, wie Sie es betrachten. Mit der richtigen Einstellung können Sie also auch dann „glücklich" (zufrieden) sein, wenn die Dinge nicht nach Ihren Wünschen gehen.
Glaubenswahrheit: Und nun siehe, durch den Geist gebun-

den, fahre ich nach Jerusalem und weiß nicht, was mir dort begegnen wird, nur daß der heilige Geist in allen Städten mir bezeugt, daß Fesseln und Bedrängnisse auf mich warten. Aber ich achte mein Leben nicht der Rede wert, wenn ich nur meinen Lauf vollende und das Amt ausrichte, das ich von dem Herrn Jesus empfangen habe, zu bezeugen das Evangelium von der Gnade Gottes (Apostelgeschichte 20,22-24).

Ich sage das nicht, weil ich Mangel leide; denn ich habe gelernt, mir genügen zu lassen, wie's mir auch geht. Ich kann niedrig sein und kann hoch sein; mir ist alles und jedes vertraut: beides, satt sein und hungern, beides, Überfluß haben und Mangel leiden; ich vermag alles durch den, der mich mächtig macht (Philipper 4,11-13).

Meine lieben Brüder, erachtet es für lauter Freude, wenn ihr in mancherlei Anfechtungen fallt, und wißt, daß euer Glaube, wenn er bewährt ist, Geduld wirkt (Jakobus 1,2-3).

„Jemand anders ist schuld."

Vernunftwahrheit: Unsere Gefühle, ob sie nun angenehm oder unangenehm sind, werden durch unser Denken verursacht. Da uns niemand zwingt, so zu denken, wie wir denken, sind wir verantwortlich für die Gefühle, die durch unsere Gedanken hervorgerufen werden. An unserem Unglück (oder Glück) sind wir selber „schuld".
Glaubenswahrheit: Wie ein Mensch in seinem Herzen denkt, so ist er (Sprüche 23,7; alternative Übersetzungsmöglichkeit).

WELTLICHE LÜGEN

„Du kannst alles haben."

Vernunftwahrheit: Niemand hat wirklich alles. Jeder hat in seinem Leben Lücken.
Glaubenswahrheit: Habt nicht lieb die Welt noch was in der Welt ist. Wenn jemand die Welt lieb hat, in dem ist nicht die Liebe des Vaters. Denn alles, was in der Welt ist, des Fleisches Lust und der Augen Lust und hoffärtiges Leben, ist nicht vom Vater, sondern von der Welt. Und die Welt vergeht mit ihrer Lust; wer aber den Willen Gottes tut, der bleibt in Ewigkeit (1. Johannes 2,15-17).

Denn wir haben nichts in die Welt gebracht; darum werden wir auch nichts hinausbringen. Wenn wir aber Nahrung und Kleider haben, so wollen wir uns daran genügen lassen. Denn die reich werden wollen, die fallen in Versuchung und Verstrickung und in viele törichte und schädliche Begierden, welche die Menschen versinken lassen in Verderben und Verdammnis. Denn Geldgier ist eine Wurzel alles Übels; danach hat einige gelüstet, und sie sind vom Glauben abgeirrt und machen sich selbst viel Schmerzen (1. Timotheus 6,7-10).

„Du bist nur so viel wert wie deine Leistung."

Vernunftwahrheit: Ihr Wert hängt davon ab, wer Sie sind, nicht davon, was Sie tun.
Glaubenswahrheit: Denn die aus den Werken des Gesetzes leben, die sind unter dem Fluch. Denn es steht geschrieben: „Verflucht sei jeder, der nicht bleibt bei alledem, was geschrieben steht in dem Buch des Gesetzes, daß er's tue!" Daß aber durchs Gesetz niemand gerecht wird vor Gott, ist offenbar; denn „der Gerechte wird aus Glauben leben" (Galater 3,10-11).

„Das Leben sollte leicht sein.“

Vernunftwahrheit: Das Leben ist hart. Es gibt darin viele Widrigkeiten und Frustrationen.
Glaubenswahrheit: Das habe ich mit euch geredet, damit ihr in mir Frieden habt. In der Welt habt ihr Angst; aber seid getrost, ich habe die Welt überwunden (Johannes 16,33).

„Das Leben sollte fair sein.“

Vernunftwahrheit: Das Leben ist manchmal fair und manchmal unfair.
Glaubenswahrheit: Es ist eitel, was auf Erden geschieht: es gibt Gerechte, denen geht es, als hätten sie Werke der Gottlosen getan, und es gibt Gottlose, denen geht es, als hätten sie Werke der Gerechten getan. Ich sprach: Das ist auch eitel (Prediger 8,14).

„Warum warten?!“

Vernunftwahrheit: Geduld ist eine Tugend. Es ist oft gesünder, auf die Erfüllung eines Wunsches zu warten, anstatt nach sofortiger Befriedigung zu streben.
Glaubenswahrheit: Irret euch nicht! Gott läßt sich nicht spotten. Denn was der Mensch sät, das wird er ernten. Wer auf sein Fleisch sät, der wird von dem Fleisch das Verderben ernten; wer aber auf den Geist sät, der wird von dem Geist das ewige Leben ernten (Galater 6,7-8).

Wer geduldig ist, der ist weise; wer aber ungeduldig ist, offenbart seine Torheit (Sprüche 14,29).

„Die Menschen sind im Grunde gut."

Vernunftwahrheit: Die Menschen haben sowohl Gutes als auch Böses in sich, und sie neigen offenbar ebenso stark zur Selbstzerstörung wie zur Entwicklung.
Glaubenswahrheit: Es ist das Herz ein trotzig und verzagt Ding; wer kann es ergründen? (Jeremia 17,9).

Denn aus dem Herzen kommen böse Gedanken, Mord, Ehebruch, Unzucht, Diebstahl, falsches Zeugnis, Lästerung (Matthäus 15,19).

Wie geschrieben steht: „Da ist keiner, der gerecht ist, auch nicht einer. Da ist keiner, der verständig ist; da ist keiner, der nach Gott fragt. Sie sind alle abgewichen und allesamt verdorben. Da ist keiner, der Gutes tut, auch nicht einer" (Römer 3,10-12).

Offenkundig sind aber die Werke des Fleisches, als da sind: Unzucht, Unreinheit, Ausschweifung, Götzendienst, Zauberei, Feindschaft, Hader, Eifersucht, Zorn, Zank, Zwietracht, Spaltungen, Neid, Saufen, Fressen und dergleichen (Galater 5,19-21).

EHELÜGEN

„Es ist alles deine Schuld."

Vernunftwahrheit: Zum Streiten braucht man zwei. An Eheproblemen ist selten nur ein Partner schuld.
Glaubenswahrheit: Darum, o Mensch, kannst du dich nicht entschuldigen, wer du auch bist, der du richtest. Denn worin du den andern richtest, verdammst du dich selbst, weil du ebendasselbe tust, was du richtest (Römer 2,1).

„Wenn es mit uns so schwierig ist, passen wir wohl nicht zusammen."

Vernunftwahrheit: Harte Arbeit ist in der Ehe die Regel, nicht die Ausnahme. Sie bedeutet, daß Sie und Ihr Partner einander helfen müssen, an Ihren persönlichen Fehlern und Schwächen zu arbeiten.
Glaubenswahrheit: Doch werden solche [die, die heiraten] in äußere Bedrängnis kommen (1. Korinther 7,28b).

„Du mußt alle meine Bedürfnisse erfüllen."

Vernunftwahrheit: Kein einzelner Mensch kann alle Ihre Bedürfnisse erfüllen. Ihre Bedürfnisse werden am besten aus mehreren verschiedenen Quellen befriedigt.
Glaubenswahrheit: Mein Gott aber wird all eurem Mangel abhelfen nach seinem Reichtum in Herrlichkeit in Christus Jesus (Philipper 4,19).

„Du bist mir etwas schuldig."

Vernunftwahrheit: Ihr Ehepartner „schuldet" Ihnen in Wirklichkeit nichts für das, was Sie tun. Was Sie tun, das tun Sie im Grunde, weil Sie es tun wollen. Dafür ist Ihnen niemand etwas schuldig.
Glaubenswahrheit: Alle aber miteinander haltet fest an der Demut; denn Gott widersteht den Hochmütigen, aber den Demütigen gibt er Gnade (1. Petrus 5,5b).

„Ich sollte mich nicht verändern müssen."

Vernunftwahrheit: Ehe erfordert Veränderung. Wer sich weigert, sich zu verändern, bringt sich selbst und seine Ehe ins Stocken. Die entscheidende Frage ist, was wir an uns selbst ändern müssen und was nicht.
Glaubenswahrheit: Jagt dem Frieden nach mit jedermann und der Heiligung (Hebräer 12,14a).

„Du solltest sein wie ich."

Vernunftwahrheit: Jeder Mensch ist einzigartig und kann nicht zu einer Kopie eines anderen gemacht werden. Es wäre langweilig, wenn das anders wäre.
Glaubenswahrheit: Nun aber hat Gott die Glieder eingesetzt, ein jedes von ihnen im Leib, so wie er gewollt hat. Wenn aber alle Glieder ein Glied wären, wo bliebe der Leib? (1. Korinther 12,18-19).

VERZERRUNGSLÜGEN

Aus einer Mücke einen Elefanten machen

Vernunftwahrheit: Mücken sind keine Elefanten. Eine Kleinigkeit ist eine Kleinigkeit und keine Katastrophe.

Alles persönlich nehmen

Vernunftwahrheit: Wir sind nicht das Ziel oder die Ursache von allem, was uns widerfährt. Viele Ereignisse im Leben, die uns unmittelbar betreffen, sind nicht persönlich gemeint und sagen mehr über die Personen aus, von denen sie ausgehen, als über uns.

Schwarzweißdenken

Vernunftwahrheit: Während manche Dinge im Leben entweder schwarz oder weiß sind, gibt es viele, die irgendeine Graustufe aufweisen. Was schwarzweiß ist, sollte auch schwarzweiß gesehen werden, doch „graue" Dinge müssen auch als grau betrachtet werden.

Den Wald vor lauter Bäumen nicht sehen

Vernunftwahrheit: Wir müssen uns zwar oft auf einen ganz bestimmten „Baum" im Leben konzentrieren, sollten aber dennoch nicht den ganzen „Wald" aus den Augen verlieren. Auf welche Teile wir uns auch immer konzentrieren, wir müssen auch das Ganze sehen.

„Es ist immer das alte Lied!"

Vernunftwahrheit: Was uns im „Hier und Jetzt" widerfährt, ist nicht unbedingt dasselbe, was uns auch in der Zukunft widerfahren wird. Wir sind nicht dazu verurteilt, daß alles beim alten bleibt.

„Wenn ich es fühle, stimmt es auch!"

Vernunftwahrheit: Gefühle entsprechen nicht unbedingt den Tatsachen; Gefühle sind Gefühle.

RELIGIÖSE LÜGEN

„Gottes Liebe muß man sich verdienen."

Glaubenswahrheit: Gott aber erweist seine Liebe zu uns darin, daß Christus für uns gestorben ist, als wir noch Sünder waren (Römer 5,8).

Denn aus Gnade seid ihr selig geworden durch Glauben, und das nicht aus euch: Gottes Gabe ist es, nicht aus Werken, damit sich nicht jemand rühme (Epheser 2,8-9).

„Gott haßt die Sünde und den Sünder."

Glaubenswahrheit: Vgl. Jesu Haltung zu der Frau, die beim Ehebruch ertappt wurde (Johannes 8,11).

Gott aber erweist seine Liebe zu uns darin, daß Christus für uns gestorben ist, als wir noch Sünder waren (Römer 5,8).

„Gott wird mich vor allem Übel bewahren."

Glaubenswahrheit: Ihr Lieben, laßt euch durch die Hitze nicht befremden, die euch widerfährt zu eurer Versuchung, als widerführe euch etwas Seltsames, sondern freut euch, daß ihr mit Christus leidet, damit ihr auch zur Zeit der Offenbarung seiner Herrlichkeit Freude und Wonne haben mögt (1. Petrus 4,12-13).

Das habe ich mit euch geredet, damit ihr in mir Frieden habt. In der Welt habt ihr Angst; aber seid getrost, ich habe die Welt überwunden (Johannes 16,33).

Denn euch ist es gegeben um Christi willen, nicht allein an ihn zu glauben, sondern auch um seinetwillen zu leiden (Philipper 1,29).

„Alle meine Probleme werden durch meine Sünden verursacht."

Glaubenswahrheit: Und Jesus ging vorüber und sah einen Menschen, der blind geboren war. Und seine Jünger fragten ihn und sprachen: Meister, wer hat gesündigt, dieser oder seine Eltern, daß er blind geboren ist? Jesus antwortete: Es hat weder dieser gesündigt noch seine Eltern, sondern es sollen die Werke Gottes offenbar werden an ihm (Johannes 9,1-3).

„Es ist Christenpflicht, alle Bedürfnisse anderer zu erfüllen."

Glaubenswahrheit: Ihr aber seid der Leib Christi und jeder von euch ein Glied. Und Gott hat in der Gemeinde eingesetzt erstens Apostel, zweitens Propheten, drittens Lehrer, dann Wundertäter, dann Gaben, gesund zu machen, zu helfen, zu leiten und mancherlei Zungenrede. Sind alle Apostel? Sind alle Propheten? Sind alle Lehrer? Sind alle Wundertäter? Haben alle die Gabe, gesund zu machen? Reden alle in Zungen? Können alle auslegen? Strebt aber nach den größeren Gaben! (1. Korinther 12,27-31).

Und [wir] haben verschiedene Gaben nach der Gnade, die uns gegeben ist. Ist jemand prophetische Rede gegeben, so übe er sie dem Glauben gemäß. Ist jemand ein Amt gegeben, so diene er. Ist jemand Lehre gegeben, so lehre er. Ist jemand Ermahnung gegeben, so ermahne er. Gibt jemand, so gebe er mit lauterem Sinn. Steht jemand der Gemeinde vor, so sei er sorgfältig. Übt jemand Barmherzigkeit, so tue er's gern (Römer 12,6-8).

„Ein guter Christ ist nicht zornig, besorgt oder deprimiert."

Glaubenswahrheit: Als Jesus sah, wie sie weinte und wie auch die Juden weinten, die mit ihr gekommen waren, ergrimmte er im Geist und wurde sehr betrübt und sprach: Wo habt ihr ihn hingelegt? Sie antworteten ihm: Herr, komm und sieh es! Und Jesus gingen die Augen über (Johannes 11,33-35).

Und sie kamen zu einem Garten mit Namen Gethsemane. Und er sprach zu seinen Jüngern: Setzt euch hierher, bis ich gebetet habe. Und er nahm mit sich Petrus und Jakobus und Johannes und fing an zu zittern und zu zagen und sprach zu ihnen: Meine Seele ist betrübt bis an den Tod; bleibt hier und wachet! (Markus 14,32-34).

Und sie kamen nach Jerusalem. Und Jesus ging in den Tempel und fing an, auszutreiben die Verkäufer und Käufer im Tempel; und die Tische der Geldwechsler und die Stände der Taubenhändler stieß er um und ließ nicht zu, daß jemand etwas durch den Tempel trage (Markus 11,15-16).

Zürnt ihr, so sündigt nicht (Epheser 4,26).

„Gott kann mich nur gebrauchen, wenn ich geistlich stark bin."

Glaubenswahrheit: Denn wenn er auch gekreuzigt worden ist in Schwachheit, so lebt er doch in der Kraft Gottes. Und wenn wir auch schwach sind in ihm, so werden wir uns doch mit ihm lebendig erweisen an euch in der Kraft Gottes (2. Korinther 13,4).

Und er hat zu mir gesagt: Laß dir an meiner Gnade genügen; denn meine Kraft ist in den Schwachen mächtig. Darum will ich mich am allerliebsten rühmen meiner Schwachheit, damit die Kraft Christi bei mir wohne. Darum bin ich guten Mutes in Schwachheit, in Mißhandlungen, in Nöten, in Verfolgungen und Ängsten, um Christi willen; denn wenn ich schwach bin, so bin ich stark (2. Korinther 12,9-10).

Sondern was töricht ist vor der Welt, das hat Gott erwählt, damit er die Weisen zuschanden mache; und was schwach ist vor der Welt, das hat Gott erwählt, damit er zuschanden mache, was stark ist (1. Korinther 1,27).

Den Schwachen bin ich ein Schwacher geworden, damit ich die Schwachen gewinne (1. Korinther 9,22).

Über die Bedeutung des Denkens – philosophische und theologische Lehren für ein gesundes Leben

Philosophische Lehren

Epiktet: „Der Mensch wird nicht durch Dinge betrübt, sondern durch die Art, wie er über sie denkt."

William Shakespeare: „Nichts ist gut oder schlecht, es sei denn, das Denken macht es so."

Marc Aurel: „Wenn dir eine äußere Sache Schmerzen bereitet, dann ist es nicht diese Sache, die dich betrübt, sondern dein eigenes Urteil über sie. Und es steht in deiner Macht, dieses Urteil jetzt auszulöschen."

Immanuel Kant: „Das einzige Merkmal, das allen geistigen Störungen gemeinsam ist, ist der Verlust des Urteilsvermögens und die ersatzweise Errichtung einer einzigartigen privaten Denkweise."

W. E. B. DuBois: „Wenn wir die Gefühle verändern wollen, ist es vor allem notwendig, den Gedanken abzuändern, der sie hervorgebracht hat, und zu erkennen, daß er entweder selbst nicht zutreffend ist oder unsere Interessen nicht berührt."

Alfred Adler: „Es liegt auf der Hand, daß wir nicht von ‚Tatsachen' beeinflußt werden, sondern von unserer Interpretation der Tatsachen."

John Milton: „Der Geist ist sein eigener Ort und kann aus sich die Hölle zum Himmel, den Himmel zur Hölle machen."

I.E. Farber: „Das einzige, worauf Psychologen zählen können, ist, daß ihre Patienten reden, und sei es auch nur zu sich selbst; und nicht selten bestimmen die Dinge, die Menschen zu sich selbst sagen – seien diese Dinge nun bedeutend oder unbedeutend –, alles andere, was sie tun."

Theologische Lehren

Sprüche 23,7: Denn wie ein Mensch in seinem Herzen denkt, so ist er (alternative Übersetzungsmöglichkeit).

Philipper 2,5: Ein jeder sei gesinnt, wie Jesus Christus auch war.

Römer 12,2: Und stellt euch nicht dieser Welt gleich, sondern ändert euch durch Erneuerung eures Sinnes, damit ihr prüfen könnt, was Gottes Wille ist, nämlich das Gute und Wohlgefällige und Vollkommene.

Philipper 4,8: Weiter, liebe Brüder: Was wahrhaftig ist, was ehrbar, was gerecht, was rein, was lieblich, was wohllautet, ist etwa eine Tugend, ist etwa ein Lob, dem denket nach! (Luther-Übersetzung 1956).

Römer 1,28: Und wie sie es für nichts geachtet haben, Gott zu erkennen, hat sie Gott dahingegeben in verkehrten Sinn, so daß sie tun, was nicht recht ist.

Römer 8,6-7: Aber fleischlich gesinnt sein ist der Tod, und geistlich gesinnt sein ist Leben und Friede. Denn fleischlich gesinnt sein ist Feindschaft gegen Gott, weil das Fleisch dem Gesetz Gottes nicht untertan ist; denn es vermag's auch nicht.

Epheser 4,22-24: Legt von euch ab den alten Menschen mit seinem früheren Wandel, der sich durch trügerische Begierden zugrunde richtet. Erneuert euch aber in eurem Geist und Sinn und zieht den neuen Menschen an, der nach Gott geschaffen ist in wahrer Gerechtigkeit und Heiligkeit.

Kolosser 3,2: Trachtet nach dem, was droben ist, nicht nach dem, was auf Erden ist.

2. Korinther 10,5: Wir zerstören damit Gedanken und alles Hohe, das sich erhebt gegen die Erkenntnis Gottes, und nehmen gefangen alles Denken in den Gehorsam gegen Christus.

Jesaja 26,3: Wer festen Herzens ist, dem bewahrst du Frieden; denn er verläßt sich auf dich.

Sprüche 14,15: Ein Unverständiger glaubt noch alles; aber ein Kluger gibt acht auf seinen Gang.

Anmerkungen

Erstes Kapitel

1 James Allen, *As a Man Thinketh* („Wie ein Mensch denkt…"), Fort Worth, Texas: Brownlow Publishing Co. 1985, S. 20.

Zweites Kapitel

1 David Burns, „The Perfectionist's Script for Self-Defeat" (etwa: „Wie ein Perfektionist sich selbst besiegen kann"), *Psychology Today,* November 1980, S. 34.
2 M. Scott Peck, *The Road Less Traveled: A New Psychology of Love, Traditional Values and Spiritual Growth* („Der Weg, der nicht so oft begangen wird. Eine neue Psychologie der Liebe, der traditionellen Werte und des geistigen Wachstums"), New York: Simon and Schuster 1978, S. 16-17.

Drittes Kapitel

1 Peck, *The Road Less Traveled,* a.a.O., S. 15.
2 Tim Hansel, *When I Relax I Feel Guilty* („Wenn ich mich entspanne, fühle ich mich schuldig"), Elgin, Illinois: Cook 1979.
3 Abraham Maslow, *Toward a Psychology of Being* (Dt. Titel: „Psychologie des Seins. Ein Entwurf"), New York: Van Nostrand, 2. Auflage 1968, S. 3-4.

Viertes Kapitel

1 William J. Lederer und Don Jackson, *The Mirages of Marriage* („Die Trugbilder der Ehe"), New York: Norton 1968, S. 40.

Fünftes Kapitel

[1] Peck, *The Road Less Traveled,* a.a.O., S. 44.
[2] David Burns, *Feeling Good: The New Mood Therapy* („Sich wohl fühlen. Die neue Therapie für die Gemütsverfassung"), New York: Signet 1980.

Sechstes Kapitel

[1] Doug Moo, „Putting the Renewed Mind to Work" („Den erneuerten Sinn wirken lassen"), in: *Renewing Your Mind in a Secular World* („Den Sinn erneuern in einer säkularen Welt"), hrsg. von John D. Woodridge, Chicago: Moody 1985, S. 145.

Siebentes Kapitel

[1] Peck, *The Road Less Traveled,* a.a.O., S. 44.

Chris Thurman
Du kannst es nicht jedem recht machen!

Es gibt Lebenslügen, die uns wie die reine Wahrheit erscheinen – dabei haben sie zerstörerische Auswirkungen auf unser Denken und Verhalten. Doch ebenso gibt es auch Lebens-Wahrheiten, Aussagen, die jeder von uns schon gehört oder selbst getroffen hat. Doch ist uns wirklich bewußt, daß diese Redensarten Wahrheiten enthalten, die wir glauben sollten, ja, die wir sogar glauben müssen, um emotional gesund zu werden und zu bleiben?
„Irren ist menschlich", betonen wir – und kommen über die eigenen „unverzeihlichen" Fehler nicht hinweg.
„Man kann es nicht jedem recht machen", nicken wir – und verzweifeln fast bei dem Versuch, mit jedem gut Freund zu sein.
In diesem Buch stellt Dr. Chris Thurman zwölf zeitlose Wahrheiten vor und erläutert anhand von lebensnahen Beispielen, wie wichtig es ist, diese Wahrheiten zu erkennen, zu akzeptieren und in die Tat umzusetzen. Das ist eine große Herausforderung; doch es lohnt sich, sie anzunehmen – und ein Leben in innerer Sicherheit, Zufriedenheit und Gesundheit zu führen.

Paperback, 215 Seiten
Bestell-Nr. 15 252